ro
ro
ro

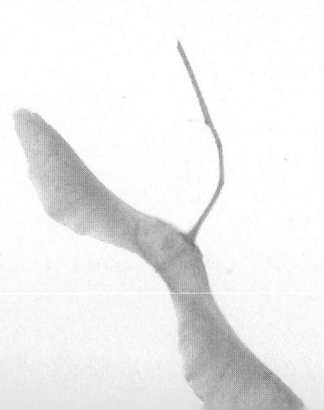

Susanne Paulsen

Sonnenfresser

Wie Pflanzen leben

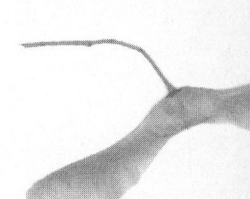

Rowohlt Taschenbuch Verlag

Für die Unterstützung und Beratung beim Sammeln der Pflanzen
gilt der Dank Björn Teichmann, Sünne Burmeister und den Mitarbeitern
des Botanischen Gartens in Leipzig.

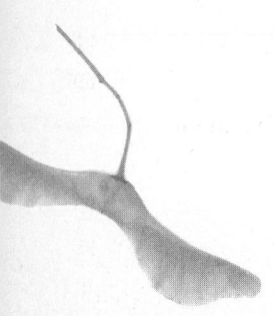

Veröffentlicht im Rowohlt Taschenbuch Verlag GmbH,
Reinbek bei Hamburg, April 2003
Copyright © 2000 by Rowohlt · Berlin Verlag GmbH, Berlin
Lektorat Julia Kühn
Umschlaggestaltung any.way, Barbara Hanke
(Umschlagfoto: Mauritius-AGE)
Layout Sabine Golde, Leipzig
Abbildungen Sabine Golde
Gesamtherstellung Clausen & Bosse, Leck
Printed in Germany
ISBN 3 499 21201 3

Die Schreibweise entspricht den Regeln
der neuen Rechtschreibung

Inhalt

1. Der grüne Planet

Mit dem üblichen Donnergetöse startet am ersten August des Jahres 1997 am kalifornischen Luftwaffenstützpunkt Vandenberg eine Lockheed L-1011. Unter dem Bauch des großen Flugzeugs hängt eine Rakete. In zwölf Kilometer Höhe löst sie sich. Erst fällt sie Richtung Erde. Dann spuckt sie Rauch und Feuer, rast nach vorne, dreht sich hoch und steigt auf. Sie erreicht eine Höhe von 278 Kilometern. Dort entlässt sie einen silbrig glänzenden Satelliten. Während die Rakete wieder Richtung Erde fällt und verglüht, entfaltet der Satellit seine Sonnensegel. Jetzt ähnelt er einem Windrad oder einem Seestern.

Mit seinem eigenen Antriebssystem erreicht der Satellit nach und nach eine Höhe von 705 Kilometern. Dort begibt er sich in die Erdumlaufbahn. Fünf Tage später schalten die Männer und Frauen der Bodenstation «SeaWIFS» ein – ein Messgerät aus Teleskopen, Kameras, Spiegeln und Computern, das im Gestänge des Satelliten befestigt ist. Sein Name ist die Abkürzung für «Sea-viewing Wide Field-of-view Sensor». Das bedeutet «die Meere beobachtendes Messgerät mit weitem Gesichtsfeld». Doch es hat nicht nur die Ozeane im Blick, sondern auch das feste Land.

«SeaWIFS»* ist ein einzigartiges Gerät. Es wurde von der US-amerikanischen Raumfahrtbehörde NASA entwickelt und hat ganz spezielle Vorlieben: Wie ein Verliebter, der nur seine Angebetete wahrnimmt, registriert es nichts als Pflanzen.

Uns Erdbewohnern funkt SeaWIFS Daten zu, aus denen sich bunt gescheckte Weltkarten errechnen lassen. Die Kontinente leuchten rot, braun, gelb und grün. Die Meere glitzern rot, grün, hellblau, dunkelblau und lila. An den Farben lässt sich ablesen, wo und wie stark bei uns auf der Erde gerade etwas grünt und blüht – seien es nun westindische Mahagonibäume, Zwergbirken in der sibirischen Tundra, die Amazonas-Seerosen mit ihren runden Blättern vom Ausmaß eines Dop-

---

* Mehr Informationen und Bilder gibt es im Internet unter:
seawifs.gsfc.nasa.gov / SEAWIFS.html (englisch)

pelbettes oder Milliarden mikroskopisch kleiner Meeresalgen.*
Merkwürdig, wie inspirierend Satellitendaten wirken, nur
weil sie von Pflanzen handeln: Wenn es um die Vegetations-
weltkarten geht, reden nüchterne NASA-Forscher plötzlich
wie Dichter. Den «Puls des Planeten» glauben sie wahrzu-
nehmen, wenn sie die SeaWIFS-Karten auswerten ...
Aber sie haben Recht. SeaWIFS macht einen Rhythmus
sichtbar, den nicht einmal eine Astronautin oder ein Astro-
naut wahrnehmen könnte. Die Farbspiele seiner Computer-
Weltkarten zeigen zum Beispiel, wie die kahlen Laubwälder
der Nordhalbkugel im Frühling nach und nach ihre Blätter
entfalten. Das Schauspiel beginnt im Süden. Es wandert
Richtung Norden. Zum Schluss, fast schon im Sommer,
sprießt die Vegetation der Tundra in Finnland, Sibirien, Alas-
ka und Kanada. Währenddessen zieht sie sich südlich des
Äquators in Afrika bereits wieder zurück, denn dort beginnt
die Trockenzeit.

Auch in den Ozeanen pulsiert das Wachstum. Wenn die Früh-
jahrssonne ausreicht, vermehren sich winzige Algen explo-
sionsartig. Sie nutzen das nährstoffreiche Wasser aus der
Tiefe, das im Winter an die Oberfläche gestiegen ist. Nach
drei Monaten sind die Nährstoffe aufgebraucht. Die Algen-
population geht zurück, bis sich im nächsten Frühjahr der
Vegetations-Pulsschlag wiederholt.

Betrachten wir die Erde einmal wie SeaWIFS: als gigantischen
Pflanzen-Ball, auf dem es mächtig keimt, grünt, blüht und
welkt. Dass wir Menschen uns als Herrscher der Welt fühlen,
ist den grünen Lebewesen gleich. Obwohl sie, nebenbei gesagt,
durchaus Länder oder Gewässer erobern können. Und manchmal bis auf den letzten Tropfen Saft in ihren Leitgefäßen
kämpfen.

Auf dem Pflanzen-Ball Erde wohnen wir; von den Pflanzen
leben wir. Wir sind mit ihnen verkettet – ob wir wollen oder
nicht. Mit seinem ersten Schrei atmet ein Baby den Sauerstoff, den Blätter und Algen freigesetzt haben.

* Zu diesem Thema gibt es ein virtuelles Malbuch unter:
kids.earth.nasa.gov/archive/coloring/4/index.html (englisch)

Später verzehren Menschen Fleisch und Milch von Tieren, die Grünes gefressen haben. Oder sie essen gleich Kartoffeln, Getreide, Äpfel und Erbsen. Mit Blüten und Blättern schmücken sie ihre Wohnorte, Altäre und Gräber. Sie verarbeiten Pflanzenfasern zu Kleidung, viele Kräuter und Früchte dienen ihnen als Medizin, und sie heizen und bauen mit pflanzlichen Materialien. «Wenn es keine Bäume mehr gibt», sagen die Lakandon-Indianer aus Südamerika – und denken bei Baum sicherlich an alles, was grünt und blüht –, «dann wird das Ende der Welt kommen.» Stimmt. Denn ohne Pflanzen wären wir nichts.

2. Hunger nach Licht

Die Photosynthese

Verglichen mit Menschen und Tieren wirken Pflanzen behäbig. Sie laufen, rennen, hüpfen, krabbeln und fliegen nicht. Viele sind verwurzelt. Sie rascheln im Wind, beugen sich dem Sturm. Manche lassen sich durchs Wasser treiben oder vertrauen ihre Samen der Luft an. Doch sie tun in der Regel nichts, um sich von der Stelle zu bewegen. Nur einige Algen bilden eine Ausnahme. Sie paddeln mit winzigen Rudern, den Geißeln, durchs Wasser.

Auffällig an den Pflanzen ist auch ihre Farbe. Sie sind grün – eine Eigenschaft, die im Tierreich eher selten vorkommt. Sogar Pflanzen, die wir für rot oder grau halten, sind in Wirklichkeit grün. Blutbuchen etwa lagern roten Farbstoff in ihren Blättern, der ihre eigentliche Farbe verschleiert. Und bei manchen Kakteen verdeckt eine Wachsschicht das Grün.

Was also ist eine Pflanze? Ein grünes Lebewesen, das normalerweise nicht aus eigenem Antrieb den Ort wechselt? Stimmt. Jedenfalls ungefähr. Die Erklärung reicht für den Alltagsgebrauch. Für Botaniker allerdings – Frauen und Männer also, die die Pflanzen wissenschaftlich erforschen – wäre sie nicht exakt genug. Seit Jahrhunderten beschreiben und katalogisieren sie unsere beblätterten Mitlebewesen – und im Laufe dieser Zeit haben sie etliche Male ihre Ansicht darüber geändert, was sie Pflanze nennen wollen und was nicht. Mit Apfelbaum, Tulpe oder Löwenzahn gab es nie Probleme: Alle landlebenden grünen Organismen gehören eindeutig ins Pflanzenreich. Außerdem Wasserpflanzen wie die Seerosen, deren Vorfahren Landpflanzen waren.

Solche Pflanzen kennt jeder. Denn Blumen und Bäume sind auffällig. Sie tragen schöne Blüten oder essbare Früchte. Aber es gibt natürlich noch eine Menge anderer Gewächse, zum Beispiel die niedrigen Polster bildenden Moose. Genauer gesagt: beblätterte Laubmoose, lappenförmige Lebermoose und Hornmoose mit winzigen kuhhornartigen Fortsätzen. Außerdem beschuppte Nacktfarne. Kleine, gabelig verzweigte Bärlappe mit weichen nadelförmigen Blättchen. Schachtelhalme, deren Stängel aussehen, als habe sie jemand aus Baukastenteilen zusammengesetzt. Farne mit ihren in viele Blättchen unterteilten Wedeln. Den Ginkgo mit seinen merkwürdigen fächerförmigen Blättern. Die Cycadeen mit ihrem palmenartigen Stamm und ihren Farnwedel-Blättern. All diese grünen Wesen sind Landbewohner und zweifellos Pflanzen. Schwierig wird es bei den Algen. Unter ihnen gibt es alle möglichen Formen: winzige Einzeller und baumlange Tange, biochemische Sonderlinge und Formen mit landpflanzenartigem Stoffwechsel. Pflanzenähnlich sind sie zweifellos alle. Aber eben nicht so ähnlich, dass man sie ohne weiteres zu den echten Pflanzen zählen könnte. Im Moment nennen viele Fachleute die Rot- und die Grünalgen «Pflanzen» – und alle anderen Algen nicht. Aber das sind Expertenprobleme, um die normale Pflanzenfreunde sich nicht scheren müssen. Viel wichtiger ist, dass Pflanzen sich ganz anders als wir ernähren. Sie fressen keine anderen Lebewesen. Stattdessen leben sie von Licht, Luft, Wasser und Mineralien. Dazu muss man grün sein. Nicht frosch- oder schlangengrün. Pflanzengrün. Und das ist eine biochemische Eigenschaft.

Von Kaulquappen-Molekülen und Zellzimmerchen

Biochemie ist die Lehre von den chemischen Bausteinen, aus denen die Lebewesen bestehen, die Wissenschaft der winzigen, aus Atomen aufgebauten, Moleküle genannten Lebensteilchen. Pflanzengrün hat einen biochemischen Namen. Er lautet Chlorophyll – das ist griechisch und bedeutet «grünes Blatt». Ein Chlorophyllmolekül ähnelt einer Kaulquappe. Es besteht aus einem dicken «Kopf» und einem «Schwanz». Der Kopf

ist eine ringförmige chemische Struktur mit einem Magnesiumatom in der Mitte. Der Schwanz besteht aus einer Kette von Kohlenstoff- und Wasserstoffatomen. Diese besonderen Pflanzenmoleküle lassen sich mit bloßem Auge nicht erkennen. Auch das Lichtmikroskop ist zu schwach.*
Aber mit seiner Hilfe lässt sich ausmachen, wo sich die grünen kaulquappenähnlichen Moleküle befinden.
Man legt also ein chlorophyllhaltiges Pflanzenteil, etwa ein Blattschnipselchen, unters Lichtmikroskop. Blickt neugierig durch das Okular – und sieht einige ovale grüne Pünktchen. Botaniker nennen diese chlorophyllhaltigen Teilchen Chloroplasten. Das Wort kommt aus dem Griechischen und bedeutet einfach «grüne Körper». Eine typische grüne Pflanzenzelle hat etwa 30 oder 40 Chloroplasten. Ein stecknadelkopfgroßes Stückchen Blatt enthält schon etwa eine halbe Million.
Ansonsten ist das Blattstückchen über weite Strecken durchsichtig. Dünne dunkle Wände unterteilen es in einzelne Einheiten, die Zellen. Sie liegen neben- und übereinander wie Zimmer in einem sehr weitläufigen Bürohaus.
Die Zellzimmerchen sind mit Plasma gefüllt – einer durchscheinenden, dickflüssigen Masse. Das Plasma verteilt sich meist entlang von Wand, Fußboden und Decke der Zellen. Denn in der Zellmitte sitzt oft noch eine große flüssigkeitsgefüllte Blase, die Vakuole. Eine dünne Grenzschicht, die Membran, grenzt das Plasma zur Zellwand und zur Vakuole hin ab. Im Plasma findet das statt, was wir «Leben» nennen: Winzige Ströme aus elektrisch geladenen Atomen fließen, und chemische Substanzen werden auf-, ab- und umgebaut.
Jede der Zellen ist ein kleines Reich für sich. Sie besitzt einen Kern, in dem sich eine große Bibliothek befindet. Deren «Bücher», die Chromosomen, bestehen aus Genen – und die wiederum aus dem Erbmaterial Desoxyribonukleinsäure, abgekürzt (englisch) DNA. In ihnen lagert der Bauplan für die ganze Pflanze, inklusive aller möglichen Gebrauchsanwei-

* Interessantes über Mikroskope aller Art unter: www.cellsalive.com / enhance3.htm

sungen: Wie wachse ich? Wie bekomme ich mein Wasser,
meine Energie? Wie pflanze ich mich fort?*
Außerdem schwimmen noch kleine Kraftwerke im Plasma –
die Mitochondrien. In ihnen wird Zucker verbrannt. So entsteht Energie zum Wachsen. Auch eine Müllabfuhr gibt es,
die Abfallstoffe in Membranen einschließt und nach draußen
schleust.
Genau wie diese anderen Zellorgane erfüllen auch die Chloroplasten ihre besondere Aufgabe. In ihrem Inneren herrscht
eine strenge Ordnung: Zahlreiche Chlorophyllmoleküle sind
mit ihren Schwänzen in einem Membransystem verankert.
Jeweils mehrere von ihnen liegen mit ihren Köpfen eng beieinander. Zwischen ihnen lagern orangegelbe Karotinmole-
küle. Mit diesem Apparat aus Chlorophyll und Karotin fangen die Pflanzen Licht ein.

Was das Blattgrün kann

Licht fangen? Licht ist doch kein Ball ... Es entsteht allerdings
in einem Riesenball, der Sonne. Sie glüht, besteht aus Gas
und fliegt im Weltall, 150 Millionen Kilometer entfernt von
allem Pflanzengrün. In ihrem Innern herrschen 15 Millionen
Grad Hitze. Dort passiert, wovon die Alchimisten alter Zeiten
geträumt haben: Ein Element verwandelt sich in ein anderes.
Aus dem Wasserstoff der Sonne entsteht das Edelgas Helium.
Dabei verschwindet ein winziges bisschen Materie, und ihre
Energie wird ins All gestrahlt: als Gamma- und Röntgen-
strahlen, ultraviolettes, sichtbares und infrarotes Licht, Mi-
kro- und Radiowellen.
Nach acht Minuten Flugzeit trifft diese Strahlung auf unseren
Planeten. Bei einer solchen Begegnung gelten physikalische
Gesetze. Und die besagen: Die Strahlung wird entweder
durchgelassen. Oder sie wird zurückgeworfen. Oder aber
sie wird aufgenommen, Fachleute sagen absorbiert.

* Mehr über die Erbsubstanz steht in Kapitel 16.

Die Luftschicht der Erde nimmt einen großen Teil der Strahlung auf oder wirft sie zurück. (Zum Glück, denn in dem Röntgen-Bombardement der Sonne könnten wir nicht existieren.) Auf der Erdoberfläche kommt deshalb nur ein Teil der Sonnenstrahlung an, hauptsächlich das sichtbare Licht. Das bedeutet: das ganze Spektrum des Regenbogens vom langwelligen Rot über Orange, Gelb, Grün und Blau bis zum kurzwelligen Lila. Unsere Augen sehen diese Mischung als Weiß.

Ein Teil des Lichtes trifft auf Chloroplasten. Die Erde ist voll von ihnen. Es gibt Meere, Seen, Tümpel voller Algen. Wälder, Felder, Wiesen. Kakteen in der Wüste, bemooste Steine, Gemüsegärten und Fensterbretter voller Zimmerpflanzen. Und all diese Pflanzensubstanz absorbiert Licht. Genauer gesagt: Sie nimmt rotes, oranges, gelbes, blaues und lila Licht auf. Grünes bleibt übrig. Es wird zurückgeworfen und trifft unser Auge. Das Auge signalisiert dem Gehirn: Blätter sind grün! Das ist noch nichts Besonderes. Auch ein grünes Autodach absorbiert alle Farben bis auf die, die wir sehen. Trotzdem sagt man nur vom Blattgrün, dass es Licht «fängt». Und das mit Recht. Worin also unterscheiden sich ein grünes Autodach und ein Blatt?

Wer den Unterschied begreifen will, muss sich ins Reich der Atome begeben. Aus diesen winzigen Teilchen ist alle Materie aufgebaut, Chlorophyllmoleküle ebenso wie der Lack auf dem Mercedes- oder Volkswagendach. Atome bestehen aus einem positiv geladenen Kern, um den negativ geladene Elektronen kreisen. Wenn Licht in so ein kleines «Sonnensystem» fällt, kann es dort etwas verändern. Es kann – würden Physikerinnen und Physiker sagen – dort Arbeit leisten. Kein Wunder: Licht ist schließlich eine Form von Energie.

Wenn das einfallende Licht also die passende Wellenlänge hat, passiert Folgendes: Es kickt Elektronen des Moleküls aus ihrer Bahn. Sie springen plötzlich auf eine weiter außen gelegene. Das geschieht gegen den Widerstand des Kerns, der

seine Elektronen anzieht wie ein Magnet eine Ladung Eisen-
feilspäne. Man kann sich vorstellen, dass so ein Bahnen-
sprung Energie kostet. Und dass das Licht sich beim Arbeiten
verbraucht: Es verschwindet. Die Materie hat es absorbiert.
Die Lichtenergie aber bleibt erhalten. Sie hat sich nur verwandelt und steckt nun in den Elektronen, die auf ihren ungewöhnlich weit vom Kern entfernten Bahnen kreisen – beim
grünen Autodach genauso wie beim Chlorophyll. Dieser Zu-
stand hält sich allerdings nur eine milliardstel Sekunde. Danach muss sich die in den Elektronen enthaltene Sonnenenergie abermals umwandeln.

Beim Autodach und anderen «normalen» Gegenständen geht
sie verloren: Die Elektronen fallen auf ihre ursprüngliche
Bahn zurück. Die dabei frei werdende Energie wird in Form
von Wärme in die Umgebung abgegeben. Deshalb erhitzt
sich das Auto; wir öffnen die Fenster oder schalten die Kli-
maanlage ein.

Chlorophyll dagegen lässt die einmal absorbierte Sonnenenergie nicht wieder entkommen. Stattdessen leitet es seine
energiereichen, aus ihrer Bahn gehobenen Elektronen auf
neue Bahnen. Sie wandern zunächst von einem der eng nebeneinander liegenden Chlorophyllmoleküle zum nächsten.
Später passieren sie noch andere chemische Substanzen.
Verschiedene, in Chloroplasten enthaltene Biomoleküle
nutzen die Energie, die die Elektronen während dieser Wan-
derung abgeben, um neue chemische Bindungen zu knüpfen.
So verwandelt sich die Sonnenenergie ein zweites Mal. Statt
in kreisenden Elektronen steckt sie nun in der Brücke zwischen zwei Atomen. Das Chlorophyll hat sie im wahrsten
Sinne des Wortes eingefangen.*

* interaktiver Selbstlernkurs zur Photosynthese unter:
www.eduvinet.de/mallig/bio/Repetito/Bfosyn2.html

Auch Menschen essen Sonne

Eine wichtige energiereiche Substanz, die Pflanzen auf diese Weise herstellen, ist das Adenosintriphosphat – abgekürzt ATP. Das ATP ist eine Art zellulärer Universaltreibstoff. Nicht nur den Pflanzen, auch Tieren und Menschen liefert es Lebensenergie – also Energie für biochemische Umsetzungen aller Art.

Der Chloroplast benutzt das ATP und andere energiereiche Stoffe, um Traubenzucker herzustellen. Das ist ein vielstufiger und äußerst komplizierter Vorgang. Wenn man aber die Zwischenschritte weglässt, die eher für Biochemikerinnen und Biochemiker interessant sind, wird er überschaubar. In der Formelsprache der Chemie schreibt man:

$$6\ CO_2 + 6\ H_2O + Licht \rightarrow C_6H_{12}O_6 + 6\ O_2$$

Das bedeutet: Aus sechs Kohlendioxidmolekülen aus der Luft (CO_2) und sechs Molekülen Wasser (H_2O) wird ein Molekül Traubenzucker ($C_6H_{12}O_6$). Dabei wird Licht verbraucht. Sechs Sauerstoffmoleküle (O_2) werden frei. Dieser Vorgang heißt Photosynthese; seine Darstellung in chemischen Formeln nennt man Photosynthese-Gleichung.

Die Gleichung ist kompliziert? Macht nichts. Wichtig ist, dass sich daraus ganz allgemein ablesen lässt, dass die Pflanzen unsere Gegen-Wesen sind (und die der Tiere natürlich auch). Denn erstens verbrauchen wir Nahrung – Pflanzen stellen sie her. (Weiter unten werden wir sehen, dass sie den Traubenzucker in verschiedene nahrhafte Stoffe verwandeln können.) Zweitens atmen wir Sauerstoff ein – Pflanzen setzen ihn frei. Drittens atmen wir Kohlendioxid aus – und die Pflanzen verbrauchen genau dieses Gas. Das heißt: Wir Menschen sind auf die grünen «Sonnenfresser» angewiesen, und diese sind umgekehrt abhängig von uns.

Warum Pflanzen mit ihren Chloroplasten-Solarkraftwerken ausgerechnet Traubenzucker herstellen, weiß keiner. Doch nützlich ist ihnen die süße Substanz, sehr nützlich sogar. Verknüpft die Pflanze zum Beispiel ein Molekül Traubenzucker mit einem Molekül Fruchtzucker, dann erhält sie Saccharose. Das ist der normale Haushaltszucker. Er ist in Rüben oder Zuckerrohr enthalten und wird für die Herstellung von Süßigkeiten und Marmelade verwendet.

Wie nicht nur Naschkatzen wissen, kann Rohrzucker sich in Wasser auflösen. In dieser flüssigen Form lässt er sich kreuz und quer durch die Leitungsbahnen von Stängeln, Stämmen, Blättern, Blüten und Wurzeln saugen und pumpen. Wo immer Energie gebraucht wird, wird der Rohrzucker wieder in seine Bestandteile gespalten. Dabei entsteht ATP, das die Pflanze zum Wachsen, Blühen, Duften und Fruchten braucht.

In guten Zeiten fallen viele Traubenzuckermoleküle an. Die Pflanze reiht sie zu langen Kettenmolekülen auf, zur Stärke. Wer kocht oder wäscht, hat diese chemische Substanz vielleicht auch schon in Reinform in der Hand gehabt: Mit dem weißen Pulver lassen sich Suppen andicken und schlaffe Hemden in Form bringen. Für viele Pflanzen sind solche Zuckerketten Energiespeicher für die folgende Generation. Sie lagern Stärke in Früchte oder Knollen ein, aus denen Tochterpflanzen entstehen sollen.

Unsere wichtigsten Nahrungsmittel – Kartoffeln und Getreide wie Weizen, Hafer, Reis und Mais – sind solche pflanzlichen Stärkespeicher. Wir verwenden das Molekül ganz ähnlich wie die Pflanzen: spalten es bei Bedarf in Zucker auf, machen ATP aus dem Zucker und leben davon. Sprich: Wir wachsen, denken, handeln. Wenn also ein Cowboy in der Prärie am Lagerfeuer hockt und eine Kartoffelsuppe schlürft, tankt er durch Photosynthese fixierte Sonnenenergie. Kaut er ein Steak dazu, ist es dasselbe. Denn der Bulle, von dem das Fleisch stammt, hat Gras gefressen.

Auch das Pferd des Cowboys rupft in einem fort die grünen Hälmchen aus. Aber warum eigentlich? Sie enthalten nur winzige Mengen an Stärke. Sein Herr dagegen mag nicht einmal Salat. Steckt keine Kraft drin, sagt er. Und da ist etwas dran. Menschen würden abmagern, lebten sie nur von Gras, Salat oder Spinat. Auch das hat mit Biochemie zu tun. Denn die Pflanzen können ihre Traubenzuckermoleküle auch auf etwas andere Weise verketten, als sie das bei der Stärke tun. Dann entsteht ein anderer, sehr wichtiger Stoff: die Cellulose. Sie ist die wichtigste pflanzliche Bausubstanz. Aus ihr bestehen die festen Zellwände, die dem Zellplasma mit seinen Chloroplasten und anderen Organellen Gestalt geben.

Cellulose ist ein sehr haltbares Molekül. Es lässt sich nicht so leicht wieder in seine Bestandteile zerlegen wie Stärke oder Zucker. Aus der Sicht eines Fressers oder Essers heißt das: Es ist schwierig, an die in der Cellulose gespeicherte Sonnenenergie heranzukommen. Wenn Menschen diesen Stoff verzehren, durchquert er den Verdauungstrakt fast unverändert. Die in ihm enthaltene Energie geht nicht in den Körper über. Deshalb macht Salat uns nicht satt.

Tiere, die hauptsächlich Blätter oder Holz fressen, wenden einen Trick an, um nicht mit vollem Magen zu verhungern: Sie halten Mikroorganismen in ihrem Verdauungssystem – und zwar solche, die Cellulosemoleküle spalten können. Fachleute nennen diesen Vorgang aufschließen, weil die Mikroben den größeren Tieren den Zugang zu den Cellulose-Kalorien eröffnen.

Wiederkäuer wie Kühe, Schafe oder Giraffen lassen ihr Futter also von Bakterien aufschließen. Diese winzigen Helfer leben im Pansen – das ist einer der vielen Wiederkäuermägen. Andere Pflanzenfresser tragen ihre Cellulose spaltenden Bakterien und Einzeller im Darm. Zu ihnen gehören zum Beispiel Weinbergschnecken, Maikäferlarven, Schaben, Schweine, Nagetiere – und auch das Pferd unseres Cowboys: Bei ihm beherbergt der mächtig entwickelte Dickdarm die Bakterien.

Erbitterter Kampf um das Sonnenlicht

So wie Schweine am Futtertrog drängeln, so drängen die
Pflanzen zum Licht. Sie sind nun einmal Sonnenfresser und
ihre Blätter die Gierschlünde. Jeder Hobbygärtner weiß das.
Was Wurzeln hat, versucht die Mitpflanzen zu überwachsen.
Schiebt Blätter an jedes freie Sonnenplätzchen, wenn möglich
vor die Konkurrenz. Klimmt manchmal sogar – immer der
Sonne entgegen – an den Nachbarn empor.
Einen besonders wirkungsvollen Trick, um ans Helle zu gelangen, benutzen die Würgefeigen. Die Baumriesen mit dem
unheimlichen Namen kommen in tropischen Regenwäldern
vor. Sie sind verwandt mit Ficus benjamina, unserem belieb-
ten und ganz harmlosen Zimmerbäumchen.
Ein Würgefeigensame keimt idealerweise nicht im Boden,
sondern hoch oben in einer Baumkrone – irgendwo in einer
Astgabel oder Höhlung, wo verrottete Blätter und Stängel so
etwas wie Erde bilden. Er kann zum Beispiel mit Vogelkot
dorthin gelangen.
Zunächst wächst die kleine Feige gemächlich. Ihre Wurzeln
jedoch bleiben nicht bescheiden in «ihrer» Astgabel oder
Höhlung, wie es die einer baumbewohnenden Orchidee oder
Bromelie tun würden. Stattdessen schlängeln sie sich langsam
auf den Stamm ihres Wirtsbaumes zu und dann an ihm her-
ab. Treffen sich dabei zwei Stränge, so wachsen sie zusammen. Mit der Zeit entsteht eine Art Gitter.
Irgendwann erreichen die Wurzeln den Boden. Dann können
sie der Feige auf einmal große Mengen an Nährstoffen zufüh-
ren. Sie beginnt nun schneller zu wachsen. Dabei umklam-
mert sie ihren Wirtsbaum mit immer mehr Wurzeln. Er kann
nun nicht mehr an Umfang zunehmen. Die Feige saugt ihm
die Nährsalze aus dem Boden weg. Am folgenreichsten ist
aber, dass sie viele buschige Zweige sprießen lässt, die dem
von ihr umarmten Baum das Licht wegfangen. Das kann auf
die Dauer der vitalste grüne Riese nicht durchhalten.

Der Wirtsbaum geht ein, eher verhungert als wirklich erdros-
selt. Er verrottet. An seiner Stelle gedeiht die Würgefeige.
Statt eines richtigen Stammes besitzt sie einen hohlen, gitter-
artigen Turm aus Wurzeln. Ansonsten trägt sie viele aromatische Früchte und sieht aus wie andere Regenwaldbäume
auch. Ein unbefangener Betrachter würde nicht darauf kommen, wie energisch und rücksichtslos sie sich im Baum-
dickicht ihren Platz an der Sonne erkämpft hat.

3. Pumpen und Pipelines

Die Leitgewebe

Solange wir leben, pocht unser Herz. Es presst Blut durch unsere Adern. «Lebenssaft», sagten die Dichter vergangener Zeiten, denn unser Blut transportiert, was uns leben lässt: Nahrung, Sauerstoff und Botenstoffe. Und es entsorgt Abfälle wie Kohlendioxid und Harnstoff.

Auch die Pflanzen besitzen Lebenssäfte, die sich in ihnen bewegen. Doch ein Herz haben sie nicht. Gelehrte aller Zeiten haben sich deshalb immer wieder die Köpfe darüber zerbrochen, wie um alles in der Welt denn die Weihnachtstanne, der Avocadostrauch oder die Pfefferminze ihr Wasser von der Wurzel in die Spitzen ihrer Triebe bekommen. Und wieder zurück, samt allen Molekülen, die gelöst ihrem Bestimmungsort zuschwimmen.

Was uns Menschen angeht, wissen wir Bescheid. Wenn wir Wasser schlucken, gleitet es unsere Speiseröhre hinab. Mit Hilfe der Muskeln wird es durch unser Verdauungssystem geleitet. Es dringt ins Blut und wird nun vom Herz durch den Körper gepumpt.

Eine Pflanze dagegen trinkt bekanntlich mit den Wurzeln. Ihr Wasser muss erst einmal hinauftransportiert werden – sonst würden ja die Blätter vertrocknen: zwanzig Zentimeter im Fall der Pfefferminze, 30 bis 40 Meter bei einer ausgewachsenen mitteleuropäischen Eiche und bis zu 98 Meter im Falle des australischen Rieseneukalyptus. So hoch ist das größte bekannte Exemplar dieser Baumart, die im Pflanzenreich den Weltrekord an Höhe hält. Es steht im Styx Valley in Tasmanien. Ende des 19. Jahrhunderts soll ein Forstbeamter in Australien sogar einen 130 Meter hohen Rieseneukalyptus vermessen haben.

Wie schaffen es die Pflanzen bloß, das Wasser über solche Entfernungen in ihre Wipfel zu heben? Liegen in den Wur-

zeln oder im Stamm etwa geheimnisvolle, leistungsstarke
Pumpen?, fragten sich die Gelehrten vergangener Jahrhunderte. Das war nicht ganz falsch, wie wir später sehen werden.
Aber der größte Teil der Wassertransportarbeit wird von
einem ganz anderen, raffiniert einfachen System geleistet.
Eduard Strasburger, ein schnauzbärtiger Botanikprofessor
aus Bonn, brachte die Fachwelt Ende des 19. Jahrhunderts auf
die richtige Spur. Er ließ eine 20 Meter hohe Eiche nah am
Boden fällen. Das untere Ende des abgeschlagenen Stammes
tränkte er mit großen Mengen Pikrinsäure – einer gelblichen,
bitteren, stark giftigen Flüssigkeit. Die gefällte Eiche verhielt
sich wie eine Schnittblume. Sie saugte die Flüssigkeit langsam
auf. Strasburger wusste: Keine der Eichenzellen würde den
Kontakt mit dem Gift überleben. Nach einigen Tagen war der
Versuchsbaum tot bis in die Blattspitzen. Dann ersetzte der
Botaniker die Pikrinsäure durch einen roten Farbstoff. Und
siehe da – die Farbe strömte langsam wipfelwärts. Dabei war
die Eiche doch abgestorben. Pflanzen sind so gebaut, dass
Wasser in ihnen von selbst nach oben fließt, folgerte Strasburger.
Das heißt jedoch nicht, dass Pflanzen die Gesetze der Physik
umkehren könnten. Aber sie nutzen die physikalischen Gegebenheiten auf ihre Weise. Fachleute würden sagen: Eine Eiche
oder eine Tulpe arbeitet wie eine sonnengetriebene Saugpumpe. Das klingt nach High-Tech – doch die Pumpe besteht
nur aus Wurzel, Stamm oder Stängel, Ästen und – besonders
wichtig – den Blättern.
Sie enthalten normalerweise viel mehr Feuchtigkeit als die
umgebende Luft. Deshalb verdunstet ein Teil ihres Wassers.
Das heißt: Wassermoleküle schweben als unsichtbarer Dampf
durch die Spaltöffnungen auf der Blattunterseite davon.
Wenn die Sonne die Blätter erwärmt, geben sie immer mehr
Wasser ab. Aus einem ausgewachsenen Ahorn verschwindet
an einem heißen Sommertag stündlich der Inhalt von dreißig
Mineralwasserkisten! Durch diese Verdunstung entsteht ein

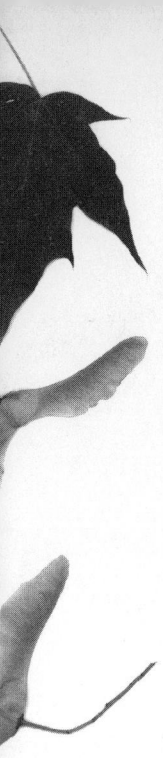

ungeheurer Sog. Innen im Ahornbaum befinden sich wasser-
gefüllte Röhrensysteme, die diesen Sog weiterleiten wie ein
Riesenbündel feiner Trinkhalme. Fertig ist die Pumpe.
Dieses wasserleitende Röhrensystem nennt man Xylem, nach
dem griechischen Wort für «Holz». Die Röhrchen entstehen,
wie alle Teile der Pflanze, aus lebenden Zellen. Später sterben
sie ab.*
Deshalb kann viel Wasser durch sie hindurchfließen, ohne
dass das Zellplasma es behindert. Dicke Xylem-Röhrchen haben einen drei viertel Millimeter Durchmesser. Enge messen
etwa den hundertsten Teil eines Millimeters. Sie führen fast
bis ins letzte Ende der Wurzelspitzen, leiten also den Saugdruck der Blätter bis tief in die Erde.
Dem Röhrensystem vorgelagert ist nur noch der Bereich, in
dem die Wurzel dem Wasser nachwächst. Ununterbrochen
presst sie sich durchs Erdreich. Eine feste Kappe schützt sie.
Wenn Wurzelspitzen irgendwo ein Ritzchen finden, drängen
sie sich hinein. Dann werden sie länger und dicker – und
schon birst eine Mauer, Asphalt zerspringt oder eine Abwas-
serleitung zerfällt in ihre Einzelteile. Die besonders schnellen
Wurzeln von jungen Keimlingen können einen Millimeter pro
Stunde wachsen – also fast zweieinhalb Zentimeter pro Tag.
Der größte Teil des Wurzelsystems stützt und verankert den
Baum. Nur ein kleiner Bereich unmittelbar hinter jeder Wurzelspitze saugt Wasser. Wenn ein Ast in der Vase Wurzeln
treibt, kann man diese Zone erkennen: Sie sieht aus, als sei sie
mit weichem weißem Flaum bedeckt. Wurzelzellen haben
sich zu winzigen Härchen ausgestülpt. Sie sind etwa einen
Millimeter lang und so dick wie ein sehr dünnes Menschen-
haar: vierzig Mikrometer. Auf jedem Quadratmillimeter
stehen zwei- bis vierhundert Stück. Wenn die Wurzelspitze
weiterwächst, sterben sie ab, und weiter vorne entsteht ein
neues Haarfeld.
Die Wurzelhärchen sind eine Variante eines Tricks, den Pflanzen und Tiere schon seit Urzeiten verwenden: Wer etwas

* Filmaufnahmen dieses «Zell-Selbstmordes» unter:
www.unc.edu/depts/joneslhp/pcd/ (englisch)

durch seine Haut aufnehmen will, tut gut daran, ihr viele
kleine Fortsätze zu geben. Das vergrößert nämlich die Oberfläche. Und eine größere Fläche kann mehr aufsaugen,
einatmen oder fressen. Unsere Darmschleimhaut, die Nährstoffe und Vitamine aus dem Essen aufnimmt, vergrößert ihre
Oberfläche mit Zotten. Unsere Lunge benutzt winzige Bläs-
chen.
Die Methode ist sehr effektiv. Das Wurzelsystem einer Rog-
genpflanze zum Beispiel durchzieht vielleicht gut fünf Liter
Boden. Aber seine durch die Härchen vergrößerte Oberfläche
ist so groß wie zwei Tennisplätze. Und diese Oberfläche
wächst und drängelt. Jemand hat die Längenzunahme aller
Wurzelhaare einer einzigen Reispflanze zusammengerechnet.
Er kam auf ein Wachstum von durchschnittlich 90 Kilometern pro Tag!

Wurzeln aus der Molekül-Perspektive

Ein Wassermolekül trägt elektrische Ladung und haftet an
anderen Wassermolekülen. Es ist nur einige zehntel Nano-
meter groß. Aus seiner Perspektive erschiene ein typisches
Wurzelhaar fast 200 Kilometer hoch und einige tausend lang.
Diese winzigen Wassermokelüle fließen Richtung Wurzel. Sie
gleiten in die dünne Zellwand des Wurzelhaars, taumeln
durch Spältchen und Ritzchen in ihr entlang und wieder hinaus in ein Gewölbe. Das ist der Raum zwischen den Zellen
der Wurzelrinde. Im Zentrum der Wurzel liegen die Xylem-
stränge. An deren äußerem Ende saugt die Sonne, und die
Wassermoleküle spüren den Sog bis hier unten. Deshalb
gleiten sie Richtung Wurzelzentrum. Dabei prallen sie gegen
eine Wachsschicht, die Endodermis. Hier liegen die Zellen
eng aufeinander, Wachswand an Wachswand. Das Wasser
muss Zellwände und -zwischenräume verlassen und gelangt
durch die Durchlasszellen der Endodermis ins Wurzelinnere.

Haben die Moleküle sich durch die Zellmembran gequetscht, landen sie in einer zähen Masse, dem Plasma des Zellinneren. Wenn sie es durchquert haben, geht es wieder durch die Zellmembran hindurch – und das Wasser ist in den Xylemröhrchen angelangt. Es lässt sich von der Sonne nach oben ziehen. Wie rasch das geht, hängt davon ab, wie weit die Leitungsgefäße der Pflanze sind. Je größer ihr Durchmesser, desto schneller fließt das Wasser: In einer Buche wandert Wasser einen Meter pro Stunde, in einer Eiche 40, in einer Liane ganze 150. Zwischen den Wassermolekülen schweben andere Teilchen. Sie sind auch durch die Wurzel aufgenommen worden und heißen Mineralien: Eisen, Calcium, Magnesium, Kalium und so weiter. «Mineral» hat mit dem Wort «Mine» zu tun, mit Erzgruben also und dem Gestein, das aus ihnen ans Tageslicht gelangt. Und in der Tat stammen diese Stoffe, die wir und die Pflanzen neben Energie und Vitaminen brauchen, um fit zu bleiben, ursprünglich aus Steinen.

Sonne und Wind lassen das Gestein im Laufe der Jahrtausende verwittern. Dabei werden die Mineralien freigesetzt. Sie gehen chemische Bindungen ein, zum Beispiel mit dem Sauerstoff oder dem Kohlendioxid in der Luft. So entstehen wasserlösliche Mineralsalze, die von den Wurzeln aufgenommen werden.

Die meisten Pflanzen brauchen zum Gedeihen Schwefel, Magnesium, Phosphor, Kalium, Calcium und Stickstoff, außerdem winzige Mengen an Eisen, Kupfer, Zink, Molybdän, Mangan, Bor und Chlor. Jedes dieser Mineralien spielt seine Rolle in einem der ungezählten biochemischen Umbauprozesse, die das Pflanzenleben ausmachen.

Stickstoff zum Beispiel ist ein wichtiger Baustein der Eiweiße – eines Molekültyps, ohne den alle Lebensvorgänge zum Erliegen kommen würden. Kalium dient der Druckregulation. Haben Zellen zu wenig davon, erschlaffen sie. Ohne Magnesium gäbe es kein Blattgrün. Phosphor sitzt in den Membranen, im Energielieferanten ATP und in der DNA, die die Erbinfor-

mation speichert. Calcium steckt in Membranen und Zell-
wänden. Und so weiter. Nenne ein Mineral, und die Fachleute
nennen dir seine Funktion. Außer, du sagst Bor oder Chlor.
Wozu die Pflanzen diese Stoffe verwenden, weiß kein Mensch.

Die Mineralienpumpe

Mit Kalium, Phosphor & Co. haben die Pflanzen es nicht
leicht. Würden sie die Mineralien einfach zusammen mit
dem Wasser ansaugen, bekämen sie viel zu wenig. Sie wüchsen jämmerlich schlecht. Deshalb konzentrieren sie sich diese
lebenswichtigen Stoffe. Das heißt: Sie ziehen sie aus dem
Bodenwasser heraus und pumpen sie in ihre Wurzeln.
Mit der sonnengetriebenen Xylem-Saugpumpe, die in Stras-
burgers vergifteter Eiche noch funktionierte, hat dieser Vorgang nichts zu tun. Die Xylempumpe der Pflanzen läuft, weil
oben aus ihren Blättern Wasser verdunstet. Ihr Betrieb kostet
die Pflanze kein einziges energiereiches Molekül. Das Mine-
ralien-Pumpwerk in der Wurzel dagegen verbraucht Energie-
Moleküle, etwa ATP. Es funktioniert deshalb nur, solange die
Pflanze lebt und Energie nachliefert.
Die Wurzelpumpen bestehen anscheinend aus Eiweißmole-
külen. Was sie gemeinsam mit den angrenzenden Wurzelzellen leisten, ist pflanzliche High-Tech. Sie arbeiten hochgradig
spezialisiert. Enthält der Boden etwa die chemisch ähnlichen
Moleküle Natrium und Kalium, so befördert die zuständige
Pumpe wirklich hauptsächlich das Kalium ins Wurzelinnere.
Denn Natrium benötigen die Pflanzen nicht.
Und wenn der Boden zu wenige freie Mineralien enthält,
dann verbessern die Wurzeln ihn einfach: Sie scheiden Säu-
ren aus, die in der Erde gebundene Mineralstoffe lösen. Oder
geben Zucker oder Vitamine ab. Dadurch locken sie Pilze und
Bakterien an, die durch ihre Stoffwechselaktivität Mineralien
aus dem Boden freisetzen.

So schafft es das Wunderwerk Wurzel, hohe Mengen der benötigten Mineralien anzusammeln. Einige sind in der Wurzel in tausendfach höherer Konzentration enthalten als draußen! Mit der Zeit wandern sie dorthin, wo sie benötigt werden, also nach oben. Aber vorher bewirken sie noch etwas: Sie ziehen – ganz unabhängig von der Xylempumpe – Wasser aus dem Boden an.

Dieser Effekt beruht auf einer physikalischen Erscheinung, die man «Osmose» nennt. Sie tritt immer dann auf, wenn Stoffe verschiedener Konzentration durch halbdurchlässige Membranen getrennt sind. Ein solches Konzentrationsgefälle gibt es zwischen Wurzel und Umgebung auch. Drinnen befinden sich viel mehr Mineralien als draußen. Die Natur trachtet nun danach, diese Konzentrationsunterschiede auszugleichen. Doch weil die Membranen der Wurzelzellen Mineralien nur in eine Richtung durchlassen, können die einmal hereingepumpten Mineralien nicht wieder aus der Wurzel heraus. Also wird ein anderer Weg beschritten: Die Mineralienkonzentration in der Wurzel wird verringert bzw. im wahrsten Sinne verwässert, indem nun Wasser in die Wurzel hineinströmt. Das wiederum erzeugt den Wurzeldruck, mit dem die Gelehrten früherer Zeiten den gesamten nach oben gerichteten Flüssigkeitstransport der Pflanzen erklären wollten. Er ist normalerweise aber nicht stark genug, um Wasser in die Wipfel zu befördern.

Eine Ausnahme gibt es: Im Frühling bauen unsere Bäume einen Wurzeldruck auf, der das Wasser bis zu ihren schwellenden Knospen treibt. Denn weil die Xylemröhren den ganzen Winter leer gestanden haben, funktioniert die sonnengetriebene Saugpumpe noch nicht. Wie sollte sie auch ohne Blätter? Sobald die Knospen sich öffnen, erzeugt die Verdunstung des Wassers wieder den normalen Saugdruck, und der Wurzeldruck kann zurückgehen.

Wasser auf dem Weg nach oben

Das Wassermolekül ist inzwischen einige Meter nach oben gestiegen – angezogen von der Sonne, vielleicht auch ein bisschen geschoben vom Wurzeldruck. Es befindet sich nicht weit im Stammesinnern, sondern nur ein kleines Stückchen unter der Rinde. Denn bei sehr vielen Baumarten verstopfen die älteren inneren Leitungsbahnen irgendwann. Nur das außen gelegene junge Xylem funktioniert. Die Wände seiner Röhrchen sind mit Spiralen und Ringen verstärkt. Denn der Saugdruck der Blätter ist stark. Dünne Röhrchen würden unter seiner Einwirkung zusammenkleben wie Trinkhalme, wenn man an ihnen saugt.

Irgendwann wird das Wassermolekül in einem Blatt ankommen. Es wird erst in die dicke Mittelader schwimmen, dann in eine dünne Seitenader, schließlich abbiegen in ein noch dünneres Äderchen. Dort endet das Xylem. Das Wassermolekül sickert durch winzige Spalten quer durch die Wand der Röhrchen. Es landet in einem neuen Spaltensystem, in den Wänden der Blattzellen.

Wahrscheinlich wird es von dort durch die linsenförmigen Spaltöffnungen auf der Blattunterseite ins Freie gelangen. Diese winzigen Spalten kann die Pflanze nach Bedarf öffnen und schließen. Durch sie tritt das Kohlendioxid für die Photosynthese in die Pflanze ein. Durch sie verfliegen der bei der Photosynthese freigesetzte Sauerstoff und 98 Prozent des nach oben gesaugten Wassers. Es verdunstet. So erhält es den Saugdruck aufrecht, der Mineralien und immer neues Wasser nach oben zieht.

Vielleicht wird das Wassermolekül aber auch ins Zellplasma der Blattzelle schwimmen. Dort könnte es in einen Chloroplasten gelangen und sich durch Photosynthese verwandeln lassen. Gemeinsam mit anderen Molekülen würde es Traubenzucker bilden. Als Rohrzucker, abermals verwandelt, würde es die Siebröhren kennen lernen.

Diese Siebröhren bilden das zweite pflanzliche Leitgewebe. In ihnen befindet sich eine Art Nährlösung, aus der sich alle Zellen mit Energie und Mineralstoffen bedienen können. Je nachdem, wo Nachschub gebraucht wird, fließt diese Lösung mal aufwärts, mal abwärts. Der Transport in den Siebröhren verbraucht Energie. Wie er genau vonstatten geht, gehört zu den vielen Rätseln, die die Pflanzen ihren Erforschern auch heutzutage noch aufgeben.

4. Pflanzenforscher

Kurze Geschichte der europäischen Botanik

Pflanzenkundler sind unbändig neugierig; es gibt fast nichts, was sie nicht interessiert. Unsere Botanikerinnen und Botaniker erforschen den Weg des Wassers durch die Pflanzen. Sie begeben sich auf Expeditionen in Tundra, Steppe und Regenwald. Dort suchen sie unbekannte Moose, Kräuter oder Bäume. Sie legen riesige Tiefkühl-Bibliotheken an, um seltene Pflanzen gefroren zu erhalten. Sie züchten neue Gemüse- oder Getreidearten aus kleinen, unförmigen Zellhaufen. Sie manipulieren das Erbgut von Mais, Soja, Tomaten oder Petunien.

Andere versuchen das Vertrauen von Hexen und Schamanen zu gewinnen, um ihnen ihr geheimes Wissen über Heilpflanzen zu entlocken. Oder sie züchten Blattläuse, lassen sie Blattadern anstechen und kappen ihnen den Rüssel. Dann untersuchen sie das winzige Tröpfchen Flüssigkeit, das das Krabbeltierchen mit seinem unglaublich feinen Bohrwerkzeug aufgesaugt hat. Wieder andere erforschen das Waldsterben, die Kommunikation zwischen Bäumen und Pilzen oder die Bewegungen der Mimosen.

Die Botanik ist eine Wissenschaft, die grünt und blüht. Das war nicht immer so. In Europa hat sie viele Jahrhunderte lang gekümmert wie ein Topfpflänzchen ohne Wasser und Licht. Damals hat sich bis auf einige Mönche, Nonnen und Apotheker niemand darum geschert, welche Geheimnisse und Überraschungen die Pflanzenwelt bietet.*

Aber fangen wir am Anfang an. Unsere Botanik begann – wie viele Naturwissenschaften – im alten Griechenland. Genauer gesagt beim Philosophen Aristoteles, der 384 vor Christus auf der Halbinsel Chalkidike geboren wurde. Er wollte, wie ein Historiker es ausgedrückt hat, die Welt und ihre Wissenschaf-

---

*Alte Zivilisationen wie zum Beispiel China haben eine eigene Botanikgeschichte. Sie verlief anders als die europäisch-amerikanische, von der in diesem Kapitel berichtet wird.

ten «ganz bezwingen, ganz umgestalten». Deshalb zeichnete
er alles auf, was die Weisen seiner Zeit wussten.
Dabei fügte er unglaublich viele eigene Beobachtungen und
Erkenntnisse hinzu. Was würden die Erforscher der europäischen Botanikgeschichte darum geben, einen Blick in Aristoteles' Schriften über Pflanzen werfen zu dürfen! Doch leider
sind sie in den Wirren der Jahrtausende verloren gegangen.
Erhalten geblieben sind jedoch zwei umfangreiche botanische Werke seines Schülers und Nachfolgers Theophrast über
«Die Ursachen des Pflanzenwuchses» und «Die Geschichte
der Pflanzen». In ihnen behandelt Theophrast viele Themen,
über die auch heutige Botanikstudenten Vorlesungen hören:
Er beschäftigt sich zum Beispiel mit Samenkörnern, Pflan-
zenwachstum und Bewegung, dem Einfluss des Bodens auf
Früchte und Sprosse, mit den Säften der Pflanzen, ihrer
Heilkraft und den verschiedenen Pflanzenarten.
Über manches, das Theophrast geschrieben hat, schütteln wir
heute den Kopf. Er empfiehlt zum Beispiel, die heilkräftigen
Früchte der weißen Pfingstrose bei Nacht zu sammeln. Bei
Tage könne man vom Specht gesehen werden und das Au-
genlicht verlieren. Doch neben solchem Volksglauben findet
sich in den Werken des Griechen eine Fülle genauer Beobachtungen. Ihn interessierte einfach alles, was mit Pflanzen
zu tun hat, seien es nun die beweglichen Blättchen der Mimose, der Blütenstaub der Dattelpalmen oder die den Ästen
entspringenden Wurzeln des indischen Feigenbaums.
Wer – wie Theophrast – wissenschaftliches Neuland betritt,
ist zunächst orientierungslos und verwirrt. Die Welt scheint
ungeordnet und unverständlich. Doch mit der Zeit – und
geduldiger, genauer Betrachtung – zeigen sich ihm im schein-
baren Durcheinander plötzlich Gemeinsamkeiten und Gesetze. Nun kann der Forscher / die Forscherin neue Wörter suchen, die diese neu erkannte Ordnung beschreiben. Mit
solchen Wörtern – den Fachbegriffen – beginnt jede Wissenschaft.

Der wissbegierige Theophrast hat der Botanik die ersten
Fachbegriffe geschenkt. Er unterschied zum Beispiel Rinde,
Mark und Holz. Fruchtstiel, Fruchtwand und Samen. Tief-
wurzler und Flachwurzler. Gewächse mit eingeschlossenen
und bloßliegenden Samen. Heute kennt und benutzt jeder,
der sich ein bisschen mit Pflanzen beschäftigt hat, diese
Ausdrücke.

Phantasiegewächse und Kräuter-Hokuspokus

Manche nennen Theophrast den Vater der heutigen Botanik.
Doch unmittelbare Nachfolger hatte er nicht. Nach seinem
Tod vertiefte sich sehr lange Zeit kein Gelehrter mehr ver-
gleichbar ernsthaft in die Geheimnisse der Pflanzenwelt. Die
Botanik kümmerte. Die Gebildeten wollten die grünen Gewächse in erster Linie nutzen, nicht systematisch erforschen.
Am liebsten beschäftigten sie sich mit den Heilkräutern.
Eines dieser Werke über Medizinpflanzen ist heute noch berühmt: die fünfbändige Arzneimittellehre, die der griechische
Militärarzt Pedanios Dioskurides um 60 nach Christus ver-
fasst hat. Es ist uns in einer prachtvoll illustrierten Handschrift erhalten, die 512 für eine reiche Römerin geschrieben
und gemalt worden ist. Sie wird in der Wiener Hofbibliothek
aufbewahrt.
Theophrast und Aristoteles hätten aus dieser Arzneimittellehre wohl nicht viel Neues lernen können. Doch sicher hätten sie interessiert darin gelesen. Denn Dioskurides' Bücher
sind eine gewissenhaft angelegte Sammlung von Fakten. Er
beschreibt darin unter anderem etwa 580 Pflanzen – ihre
Kennzeichen, ihren Gebrauch, ihre Wirkung und ihre verschiedenen Namen.
Im mittelalterlichen Europa waren die Schriften des Militär-
arztes so etwas wie die Bibel der Arzneimittellehre und der
Pflanzenkunde. Damals wurde Botanik ganz anders betrieben

als heute. Die Gelehrten gingen nicht etwa hinaus, wenn sie etwas über Kräuter, Blumen oder Bäume wissen wollten. Sie beschafften sich alte Pflanzenbücher und schrieben und zeichneten ab, was ihnen interessant erschien. Irgendwann wurde das Buch, das so entstand, wieder kopiert. Kaum einer der Zeichner machte sich die Mühe, einen Blick auf echte Heilpflanzen zu werfen. Man kann sich vorstellen, wohin das führte: Die Bilder in den mittelalterlichen Kräuterbüchern sind nicht naturgetreu, sondern zeigen merkwürdige Phantasiegewächse.

Aus heutiger Sicht waren die Botaniker dieser Zeit deshalb keine richtigen Naturwissenschaftler. Es gab einige wenige Ausnahmen, etwa den Dominikanermönch Albertus Magnus. Er wurde um das Jahr 1200 in Lauingen an der Donau geboren. Als älterer Mann hatte er vierzig Klöster in ganz Deutschland zu beaufsichtigen. Gemäß seinen Ordensregeln legte er die vielen Reisen, die dazu nötig waren, zu Fuß zurück. Dabei betrachtete er voller Aufmerksamkeit Gottes Werk – also Bäume, Kräuter, Steine, Tiere und Sterne.

In seinen sieben botanischen Büchern schrieb er nieder, was die alten Griechen von Pflanzen wussten. Diesem überlieferten Wissen fügte er eigene Beobachtungen und Gedanken an. So fiel ihm zum Beispiel auf, dass es zwei Sorten von Dornen gibt: die so genannten Sprossdornen, die aus der Tiefe der Pflanze hervorwachsen, und die Stacheln, die auf der Rinde sitzen wie bei der Rose. Albertus Magnus erkannte auch, dass es sich bei den «Fäden», die die Blätter des Breitwegerichs durchziehen, um Leitungsbahnen handelt.

Doch die meisten Europäer, auch die gebildeten, standen solchen naturwissenschaftlichen Beobachtungen misstrauisch gegenüber. Das änderte sich erst im 14. und 15. Jahrhundert. Zu dieser Zeit entdeckten die Europäer das freie, schöpferische Denken des Altertums wieder. Johannes Gutenberg erfand den Buchdruck mit beweglichen Lettern. Amerika wurde entdeckt, der Erdball zum ersten Mal umsegelt. Das

Mittelalter war zu Ende. Die kulturelle Bewegung der Renaissance (Wiedergeburt) bereitete den Boden für Neuerungen jeder Art.

Statt in alte Bücher blickten die Pflanzenkundler nun wieder in die Natur und stellten fest, dass in ihrer Heimat keineswegs nur die Pflanzen aus Dioskurides' Werken gediehen. Wenn man nur richtig hinschaute, gab es enorm viele unbekannte Gewächse zu beschreiben. Eine Vielzahl neuer Kräuterbücher entstand. Einige davon werden bis heute gedruckt und verkauft.

In diesen Büchern gibt es – anders als in ihren mittelalterlichen Vorläufern – keine verwirrenden Phantasiezeichnungen mehr. Die heimischen Pflanzen sind so naturgetreu dargestellt, dass man sie in Wald und Feld wieder erkennen kann. Neben den Bildern steht, wo die Heilkräuter wachsen und gegen welche Krankheiten sie angeblich nützen. Für die Menschen früherer Jahrhunderte hatten solche Bücher große Bedeutung. Neben der Bibel waren sie die auflagenstärksten Druckwerke. Schön illustrierte Ausgaben waren so wertvoll, dass man sie in Mitgifts- und Erbschaftslisten namentlich aufführte.

In unserem Sinne modern sind Kräuterbücher aus dem 16. und 17. Jahrhundert natürlich nicht. Nur wenige der empfohlenen Heilmittel sind – an heutigen wissenschaftlichen Standards gemessen – wirksam. Der Rest ist Hokuspokus, etwa die Empfehlung des Kräuterbuchverfassers Leonhart Fuchs, das Eisenkraut sei «gut zu den weetagen des haupts / so man ein krentzlin darauß macht und aufsetzt». Über so etwas lächeln wir. Auch die Einsicht der Schreiber, dass hierzulande andere Pflanzen wachsen als am Mittelmeer, scheint uns selbstverständlich. Doch für die damaligen Wissenschaftler war dieser Gedanke revolutionär. Mit ihren an sich einfachen Pflanzenverzeichnissen begann eine neue Epoche der Botanik.

So schrieb der 1498 geborene deutsche Theologe und Arzt Hieronymus Bock in seinem Kräuterbuch über die Bibernel-

le: «Hilff Gott / was hat dise gemeine Wurtzel sich müssen
leiden bei den gelehrten / haben alle darüber gepümpelt und
gepampelt ... wie sie bei den alten (also den Griechen) heißt.»
Darüber musste Bock nicht mehr grübeln. Wie viele seiner
Zeitgenossen versuchte er, die neu entdeckte Vielfalt auf neue
Weise zu benennen und zu ordnen. Da es bekanntlich sehr
viele Pflanzen gibt, entlockte ihm seine Arbeit so manchen
Stoßseufzer: «Herre Gott, wa soll ich mit dem Kraut hin?»

Die Vielfalt ordnen

Die Frage, wie sie Pflanzen benennen und ordnen sollten,
blieb lange Zeit ein Hauptproblem der Botaniker. Immer wieder versuchten sie, ein einfaches System zu finden, das die
Pflanzen in eindeutig voneinander zu unterscheidende Gruppen einteilt.
Noch existierten für viele Kräuter, Moose und Bäume verschiedene, je nach Land und Gegend unterschiedliche
Namen. Wie viel einfacher wäre die Verständigung, wenn es
daneben eindeutige, von allen benutzte Bezeichnungen gäbe!
Jeder Forscher wüsste, wovon der andere redet. Entdeckte
jemand ein neues Gewächs, dann könnte er es nach seinen
Merkmalen in eine der schon festgelegten Pflanzengruppen
einordnen.
Das Ordnungssystem, das sich schließlich durchsetzte, war das
des Schweden Carl von Linné.* Er wurde im Jahr 1707 geboren und sollte eigentlich Pfarrer werden wie sein Vater. Doch
dazu schien er nicht geeignet. Er hielt sich so viel wie möglich
im Freien auf. Den Schulunterricht verabscheute er. Sein Vater
spielte schon mit dem Gedanken, den widerspenstigen Sohn
zu einem Schneider oder Schuster in die Lehre zu geben. Dass
Carl schließlich doch an die Universität Upsala kam, war dem
Dorfarzt zu verdanken. Er erkannte die Begabung des jungen
Mannes und überredete ihn, Medizin zu studieren.

* Biographie unter: www.c18.org/pr/lc/intro.html (englisch)

Im 18. Jahrhundert war das die beste Voraussetzung, um mit der Pflanzenkunde in Kontakt zu kommen. Denn anders als heute war die Biologie noch kein eigenständiges Hochschulfach. Doch angehende Ärzte mussten Botanik- und Zoologievorlesungen hören. Carl war arm, immer hungrig und hatte zerrissene Schuhsohlen. Aber er zeichnete sich als Student so sehr aus, dass er 1732 von der Wissenschaftlichen Gesellschaft in Upsala auf eine pflanzenkundliche Forschungsreise nach Lappland geschickt wurde.

Er zog also Richtung Norden und sammelte Kräuter, Flechten und Moose. Neben einem kurzen Degen und einer Schrotflinte führte er Mikroskop, Fernrohr, Federn, Tintenfass, Tagebuch und geheftetes Papier zum Pflanzentrocknen mit sich. Auf dem Kopf trug er eine runde Perücke, eine grüne Lederkappe und darüber – zum Schutz gegen Mückenstiche – eine Gazemütze.

Zurück in Upsala, veröffentlichte Linné seine «Flora laponica», also einen Bericht über die Pflanzenwelt Lapplands. Das Buch begründete seinen Ruf als Botaniker, und als er einige Jahre später ein System zur Klassifizierung von Pflanzen vorschlug, wurde er berühmt: Seine Ordnung war ungewöhnlich und genial einfach! Man musste nur einen Blick in die Blüte werfen und Staub- und Fruchtblätter zählen. Nach ihrer Anzahl und bestimmten anderen Eigenschaften ordnete man die Pflanze zuerst einer Abteilung und dann einer Unterabteilung zu.

Linnés Ordnungssystem wurde etwa 70 Jahre lang benutzt und dann durch ein anderes ersetzt. Doch die einheitlichen Pflanzennamen, die er vorgeschlagen hat, verwenden wir noch heute: Jedes Gewächs hat eine lateinische Gattungsbezeichnung, der ein ebenfalls lateinischer Artname folgt. Der Rote Fingerhut zum Beispiel wird in botanischen Fachbüchern Digitalis purpurea L. genannt. «Digitalis» kommt vom lateinischen Wort für Finger. Der darauf folgende Artname bedeutet einfach «purpurrot». Und «L.» heißt nichts ande-

res, als dass Linné selbst diese Pflanze beschrieben und be-
nannt hat.*

Im 17. und 18. Jahrhundert entwickelte die Botanik sich dann
rasant. Es gab ja so viel zu entdecken! Um 1590 hatten zwei
holländische Brillenschleifer das erste Mikroskop gefertigt.
Fünfzig Jahre später verbesserte der Engländer Robert Hooke
das Gerät. Nun ließen sich fein geschnittene Pflanzenteile bei
120facher Vergrößerung untersuchen. Hooke bestaunte zum
Beispiel die Brennhaare der Brennnessel, versteinertes Holz,
Korken (also Korkeichenrinde) und das Mark von Fenchel-,
Möhren- und Klettenstängeln. Dabei erkannte er, dass der
Pflanzenkörper wie eine Bienenwabe aus Zellen aufgebaut ist.
Hookes Landsmann Nehemiah Grew und der Italiener Mar-
cello Malpighi beschrieben Gewebe und Organe der Pflanzen
und machten sich Gedanken über ihre Funktion: Wie leitete
die Pflanze das Wasser? Wie ernährte sie sich? Außerdem dis-
kutierte die gebildete Welt die Schöpfungslehre: Hatte Gott
mit der ersten Generation der Lebewesen gleichzeitig alle folgenden geschaffen? Warteten diese winzigen Wesen also in-
einander verschachtelt in den Fortpflanzungszellen aller Organismen? Oder entstand jeder Sämling, jedes Jungtier neu?
Später eröffnete die Biochemie den Pflanzenkundlern neue
Dimensionen. Sie entwickelte sich im 19. und 20. Jahrhundert. Jetzt konnte die wissenschaftliche Welt ergründen, wie
Pflanzen Moleküle aus Wasser, Luft und Erde aufnehmen,
umbauen und ausscheiden. In der Folge klärte man die
wichtigsten Abläufe im Pflanzenkörper endgültig auf. Gleichzeitig wurde das Erbmolekül DNA entdeckt und erforscht.
Immer geschickter konnten Wissenschaftlerinnen und Wissenschaftler mit ihm umgehen. Heute sind sie in der Lage, die
pflanzliche Erbsubstanz zu manipulieren. Was das für Folgen
hat, steht in Kapitel 17.

---

* Unter www.botanikus.de/haupt.html kann man sich lateinische Pflanzennamen
ins Deutsche übersetzen lassen und umgekehrt.

5. Weltveränderer

**Wie Muskatnuss, Pfeffer und Kartoffel
Geschichte machten**

Unsere Geschichte ließe sich über weite Strecken als Pflanzen-Historie erzählen. Dabei treten die grünen Gewächse nicht nur als Requisiten auf, als Zierrat wie Lorbeerkränze oder Reichsäpfel. Nein: Pflanzen waren immer wieder die geheimen Helden großer Ereignisse. Sie waren und sind Ursache für Entdeckungen, Eroberungen und Kriege, für kulturellen Wandel jeder Art.

Warum zum Beispiel brannte Christoph Kolumbus darauf, den Seeweg nach Indien zu finden? Manche sagen: Er gierte nach Piper nigrum, dem Pfeffer. Diese südindische Tropenpflanze kann wie Efeu hohe Bäume erklettern. Sie trägt beerenartige Früchte. Würzig schmecken sie und scharf. Sie überdecken den üblen Geschmack verdorbenen Pökelfleisches. Gemüse, das längst Saft und Kraft verloren hat, peppen sie auf. Auch Fisch, der fast schon fault, lässt sich mit einer ordentlichen Portion Pfeffer noch hinunterwürgen. Was hätten die Köchinnen und Köche wohlhabender Menschen in kühlschranklosen Zeiten ohne diese Schärfe angefangen …

Vor Kolumbus' Zeiten brachten vor allem Kaufleute aus Venedig den Pfeffer nach Europa. Ihre Handelswege führten durch das Osmanische Reich – die heutige Türkei. Doch gegen Ende des 15. Jahrhunderts blockierten die Türken diese Route. Pfeffer wurde knapp. Und jedes Kind in Südeuropa wusste: Gewürzhandel kann unermesslich reich machen. Waren nicht die prachtvollen Paläste, Glockentürme und Kirchen Venedigs von dem Geld der Gewürzverkäufer gebaut worden?

Kein Wunder also, dass Italiener, Spanier und Portugiesen versuchten, den Orient auf dem Seeweg zu erreichen. Auch Kolumbus wurde auf die Suche geschickt nach dem Land, wo der Pfeffer wächst. Er hatte einen Vertrag mit dem spanischen König geschlossen: Von allen Schätzen, insbesondere Gold, Silber und Gewürzen, die in vielleicht neu entdeckten Gebieten gefunden, gefördert oder eingetauscht würden, stand ihm ein Zehntel zu. Kolumbus fand Mittel- und Südamerika – einen ganzen neuen Kontinent, auf dem allerdings kein Pfeffer gedieh.

Dafür war dort eine ganze Reihe seltsamer Nutzpflanzen heimisch. Die europäischen Eroberer staunten über die Gewohnheit der Indianer, Zigarren aus Tabak zu rauchen. Sie probierten Kakaosamen, Maiskörner, Kartoffeln, Tomaten, Bohnen und Paprika. All diese nützlichen Gewächse nahmen sie mit an Bord, um sie bei sich zu Hause anzubauen. Heute wachsen die ehemals indianischen Nutzpflanzen in Afrika, Indien und Europa. Kaum einer denkt noch daran, woher sie stammen.

Das Geheimnis des Muskatnussbaumes

Auch andere Gewürze haben Geschichte gemacht. Zwei von ihnen sind sogar jahrhundertelang durch die Träume von Abenteurern, Seeleuten und Kaufleuten gegeistert. Beide stammen von einem mittelgroßen immergrünen Baum, der weißliche Blüten trägt. Myristica fragans heißt er im Botaniker-Latein, also der wohlriechende Muskatnussbaum. Seine Früchte ähneln gelblichen, glatten Pfirsichen.

Wie Babuschkas, die russischen Puppen, in deren Innerem immer neue, kleinere Püppchen versteckt sind, bergen sie Geheimnisse: Wenn die Muskatfrucht reif ist, klappen ihre beiden Hälften langsam auseinander. Innen wird eine grellrote Kugel sichtbar, die aussieht, als habe sie jemand aus dicken glatten Bändern zusammengeklebt. Wenn man die roten Bänder beiseite schiebt, wird ein großes rundliches Samenkorn mit harter schwarzer Schale sichtbar. Trocknet und

knackt man das Samenkorn, so fällt ein ovaler brauner Kern heraus.

Was für eine Vielfalt! Das Fruchtfleisch lässt sich trocknen. Dann schmeckt es wie süßes Konfekt. Der rote Samenmantel hat einen feinen, aromatischen Geschmack. Er kommt bei uns als «Muskatblüte» oder «Mazis» genanntes Gewürz in den Handel. Dann ist er allerdings nicht mehr rot, sondern hellorange, denn beim Trocknen schlägt seine Farbe um. Auch die harte braune «Muskatnuss» lässt sich – zu Pulver zerrieben – als Gewürz verwenden. Sie duftet holzig, blumig, zitronig – und ein bisschen wie ein frisch gestrichenes Haus. Muskatfruchtkonfekt essen wir nicht. Es wird nur dort verzehrt, wo Myristica fragans wächst. Aber Muskatnuss und -blüte würzen bei uns Würstchen, Suppen und Gemüsegerichte. Sie aromatisieren Kekse, Kuchen und Liköre. Ihr Duft wird von Deo-Zerstäubern in den Badezimmern versprüht. Er steigt aus Parfümflakons und Rasierwasserfläschchen. Wer in einem der reichen Industriestaaten wohnt, spürt das Muskataroma also fast täglich auf der Zunge oder in der Nase. Vor ein paar hundert Jahren war das ganz anders. Zwar schätzten auch die Menschen des Mittelalters Muskatnuss und -blüte, doch leisten konnten sich diese Gewürze nur die wenigsten. Ein Pfund Muskatblüte kostete in England im Jahr 1284 so viel wie drei Schafe! Nur die Reichen hatten die Mittel, die beiden kostbaren Gewürze zu kaufen. Ihre Köche bereiteten zum Beispiel Rebhuhnsoße oder Spinattorte mit viel Muskat zu. Oder sie verfeinerten «süßes Eiermus» mit Mazis. Feinschmecker und Schlemmer hatten allen Grund, die beiden aromatischen Gewürze oft zu sich zu nehmen, denn Muskat galt als überaus gesund. Die Ärzte jener Zeit meinten, es stärke den Magen, kräftige die Sexualorgane und helle eine raue, tiefe Stimme auf.

Zeitweise war eine Muskatnuss ein Statussymbol wie heute eine Rolex oder ein Rolls-Royce. Es ist überliefert, dass vornehme Damen die stumpfbraunen Nüsse in Silber fassen

ließen, als seien sie Edelsteine. Beliebt waren auch Räucher-
kerzen aus Muskatpulver. Im Jahr 1191 wallte der Duft bren-
nender Muskatnüsse durch die Straßen Roms. Sie kündeten
von der Krönung Kaiser Heinrichs IV., ein duftendes Symbol
verschwenderischer Pracht.

Wo die kostbare Frucht herkam, wusste in Europa keiner genau. Nicht einmal die Gewürzhändler Venedigs und Genuas
kannten ihre Heimat, obwohl sie doch ihren Wohlstand dem
Pfeffer und der Muskatnuss verdankten. Interessiert waren
sie schon. Genauer gesagt: zum Platzen neugierig. Aber die
arabischen Seeleute, die am Persischen Golf und in Ägypten
Mazis und Muskatnuss verkauften, hielten die Herkunft ihrer
Ware streng geheim.

Das ist nur zu verständlich, denn solange sie das Monopol
auf den Handel mit dem begehrten Muskat besaßen, konnten
sie die Preise diktieren und immens reich werden. Kein Wunder, dass viele davon träumten, das Geheimnis des Muskat-
baumes zu lüften und an diesem Reichtum teilzuhaben.
Abenteurer begannen, die arabische Wüste zu durchstreifen.
Fehlanzeige. So leicht war das Rätsel der aromatischen braunen Samenkerne nicht zu ergründen. Wer ihrer Herkunft auf
die Spur kommen wollte, musste sich weit, weit von den damals bekannten Ländern entfernen.

Das gelang gegen Ende des 13. Jahrhunderts dem Venezianer
Marco Polo. Er bereiste Zentralasien, China, Sumatra und
Vorderindien und kehrte als begüterter Mann zurück. 1298
steckten die Stadtväter Genuas ihn ins Gefängnis. Im Kerker
diktierte er einem Mitgefangenen, was er in zwanzig Reise-
jahren erlebt hatte. Seine Berichte sind bis heute spannende
Lektüre. Ein Detail fanden damals viele Leser besonders
packend: Der Venezianer hatte eine Insel besucht, «auf der
Pfeffer, Muskatnüsse, Lavendel, Galgant, Kubeben und alle
kostbaren Gewürze wachsen, die es auf der Welt gibt».*
Irgendwo hinter Indien sollte diese Schatzkammer liegen.
In der Tat war Marco Polo in die Heimat der Muskatbäume

---

* Galgant ähnelt dem Ingwer. Kubeben sind die getrockneten Früchte eines indone-
sischen Pfeffergewächses.

gelangt. Die wuchsen damals ausschließlich auf den Banda-Inseln. Diese sechs Inselchen sind zusammen nur 104 Quadratkilometer groß; das ist ein knappes Achtel der Fläche Berlins. Sie liegen zwischen Neuguina und Borneo in der Bandasee. Heute gehören sie zu Indonesien. Die Bandanesen verschifften schon seit dem fünften Jahrhundert Muskatnuss und -blüte zu benachbarten Inselgruppen. Über indische Zwischenhändler gelangten die Gewürze zu den Arabern, die sie dann den Händlern aus Venedig und Genua verkauften. Aus der Rückschau können wir sagen: Es wäre den Inselbewohnern besser bekommen, hätten sie ihre überzähligen Muskatnüsse einfach in die Bandasee geworfen. Als Marco Polos Bericht nämlich allgemein bekannt wurde, hatte die Gier aller verhinderten Muskatmillionäre plötzlich ein Ziel. Die Suche nach den «Gewürzinseln» begann. Als Erstes erreichten 1512 drei Schiffe unter dem Kommando des Portugiesen Alfonso de Albuquerque die Banda-Inseln. Einige Jahre später stach der Seefahrer Fernando Magellan in See. Er segelte unter spanischer Flagge. Wie Christoph Kolumbus wandte er sich nach Westen, um das im Osten gelegene Indien zu finden.

Seine fünf Schiffe umrundeten die Südspitze Amerikas, indem sie eine sturm- und nebelreiche Meeresstraße zwischen dem südamerikanischen Festland und Feuerland durchquerten – die heutige Magellanstraße. Sie erreichten die Philippinen. Dort kam Kapitän Magellan um. Doch zwei seiner Schiffe erreichten unter dem Kommando von Juan Sebastián del Cano die Banda-Inseln.

Die Seeleute kauften Gewürze ein und machten sich wieder auf die Reise. Eines ihrer beiden Schiffe lief auf Grund, weil es mit Muskatnüssen überladen war. Das andere, die «Victoria», umrundete irgendwann das Kap der Guten Hoffnung an der Südspitze Afrikas und lief 1522, drei Jahre nach der Abfahrt, in Spanien ein. Damit war – nur, weil Gewürze und besonders Muskatnuss begehrt waren – die Kugelform der Erde erwiesen.

Das kleine Inselreich Banda zog auch in den Folgejahren Seefahrer aus Europa an wie ein Magnet. Portugiesen, Spanier,
Niederländer und Engländer gaben sich ein Stelldichein. Und
damals wie heute war Handel keineswegs nur Privatsache der
Händlerinnen und Händler. Er war immer auch Staatssache.
Die Gewürzexpeditionen waren in der Regel hochoffizielle
Angelegenheiten. Spanische und portugiesische Schiffe machten sich im königlichen Auftrag auf die Reise. Trafen zwei Expeditionen aufeinander, kam es häufig zu Schießereien – oder
die Besatzungen versuchten, die Eingeborenen auf die Han-
delskonkurrenten zu hetzen. Die niederländische Gewürz-
handels-Firma Vereenigde Oost-Indische Compagnie (V.O.C.)
war sogar offiziell bevollmächtigt, Krieg um die Gewürzinseln zu führen – sei es gegen Portugal, gegen Spanien oder
gegen eine andere Macht. Sie sollte den Niederländern den
alleinigen Zugriff auf Banda verschaffen.
Im Jahre 1605 gingen holländische Soldaten in Banda an
Land. Sie begannen, eine steinerne Festung zu bauen. 1609
überfielen die Bandanesen den holländischen General, töteten
ihn und stellten seinen Kopf, auf eine Lanze gespießt, zur
Schau. Darauf segelte 1621 eine Strafexpedition nach Banda.
Die Soldaten, Söldner und Henker der V.O.C. brannten alle
Dörfer nieder. Sie löschten das Muskathändlervolk der Bandanesen fast vollständig aus.
Die Niederländer vermochten es lange Zeit, den Muskatan-
bau streng auf Banda zu begrenzen und so den Welthandel
zu kontrollieren. Doch im Jahr 1770 gelang es einem französischen Botaniker, erstmals keimfähige Muskatsamen in eine
andere Gegend zu schmuggeln – nach Madagaskar und San-
sibar. Und siehe da: Myristica fragans gedieh auch dort. Ein
Vierteljahrhundert später eroberten die Briten die Banda-
Inseln. Sie begannen, das nach wie vor begehrte Gewürz auch
in ihren anderen Kolonien anzubauen. Heute gedeihen Muskatbäume in Indonesien, Ceylon, Indien, auf den Inseln des
Indischen Ozeans, in Westindien und Brasilien.

Die Wunderknolle

Wahrscheinlich haben die importierten Muskatnussbäume das Leben vieler Menschen geprägt. Das ist immer so, wenn eine wichtige Nutzpflanze in einem neuen Gebiet Fuß fasst. Manche dieser «Reisepflanzen» haben sogar das Schicksal ganzer Völker verändert.

Es gibt zum Beispiel ein Gewächs, das ursprünglich aus Amerika stammte. Unbekannte Seefahrer brachten es um das Jahr 1555 aus den südamerikanischen Anden nach Europa. Die Bewohner der Alten Welt fanden es besonders schön. Das Pflänzchen trägt gefiederte Blätter. Seine weißen oder violetten, eigenartig verwachsenen Blüten duften süßlich. Aus den Blüten werden sehr giftige Beeren, die kleinen grünen Kirschen ähneln.

Erst stand die Pflanze in Gärten, etwa 200 Jahre lang. Dann wurde den Menschen der Alten Welt bewusst, was die Indianer in den Anden schon vor Urzeiten erkannt hatten: Die schöne Zierpflanze trägt unter der Erde essbare Knollen – die Kartoffeln. Sie liefern doppelt so viele Nährstoffe wie Getreide. Dazu Eiweiß. Und einen Stoff, der Menschen vor der in alten Zeiten gefürchteten Krankheit Skorbut schützt: das Vitamin C. Damit war die Kartoffel ein ideales Grundnahrungsmittel.

Schnell breitete sich nun der Kartoffelanbau in Europa aus – und veränderte das Leben vieler Menschen. Denn die Wunderknolle erhielt gesund und in schlechten Zeiten am Leben. In Irland, dem Hungerland mit den kargen Böden, wurde sie gar zum wichtigsten Nahrungsmittel. Zwischen 1760 und 1840 ermöglichte sie dort eine Bevölkerungsexplosion: Die Einwohnerzahl der grünen Insel wuchs von 1,5 Millionen auf 9 Millionen. Hätten die Bauern nur Getreide angebaut, wären davon höchstens 5 Millionen Menschen satt geworden! Selbst Kartoffelkrankheiten, die Missernten verursachten, konnten das Bevölkerungswachstum nur zeitweise bremsen.

Doch dann schleppte irgendwer den mikroskopisch kleinen
Braunfäulepilz ein. Gegen ihn waren die Iren machtlos. Sie
fühlten sich von Gott verlassen, denn in ihren Feldern schien
die Hand des Teufels zu wüten: Binnen weniger Tage wurden
saftig grüne Kartoffeläcker schwarz. Sie begannen widerlich
zu stinken. Die Knollen ließen sich noch ernten. Doch statt
Männern, Frauen und Kindern über den Winter zu helfen,
verfaulten sie zu übel riechendem Brei. In den Jahren 1845
und 1846 fiel die Kartoffelernte in Irland aus. Auch danach
richtete die Braunfäule große Schäden an.

In dieser Zeit starben schätzungsweise eine Million Iren, die
von Kartoffeln als Nahrungsmittel abhängig waren. Sie ver-
hungerten oder erlagen Elendskrankheiten wie Typhus oder
Cholera. In einigen Gegenden gab es nicht einmal mehr genug kräftige Männer, um die Toten zu beerdigen. Männer,
Frauen und Kinder flohen. Etwa anderthalb Millionen Menschen verließen Irland.

Mit ihnen begann eine Auswanderungswelle, die noch lange
anhielt. Viele Auswanderer reisten in die Vereinigten Staaten
von Amerika – also in den Heimatkontinent der Pflanze, die
das Bevölkerungswachstum und danach die Hungersnöte
ausgelöst hat.

Den vor der «Kartoffel-Hungersnot» flüchtenden Iren wurde
die Fahrt über den Atlantik und die Einreise in die USA leicht
gemacht, denn die Bewohner der Vereinigten Staaten hatten
Mitleid mit ihrer Not. Deshalb lockerten sie ihre strengen
Einwanderungsregelungen. Dieser Entschluss hatte wichtige
Folgen: Er veränderte die Bevölkerungsstruktur des jungen
Staates.

Vor den irischen Hungerwintern stammten die meisten US-
amerikanischen Bürger aus England. Sie gehörten der protes-
tantischen Kirche an. Mit den katholischen Iren gewann das
Land erstmals eine große Bevölkerungsgruppe dazu, die nicht
diesem Bild entsprach. Bitterarm, ausgezehrt und geschwächt
von Hunger kamen sie an. Doch diese Irinnen und Iren

waren ungemein tatkräftig, wortgewandt und unternehmerisch begabt. Sie haben Politik, Kultur und Wirtschaft der USA stark beeinflusst.

Später gestatteten die USA auch anderen Völkern und Religionsgemeinschaften die Einwanderung. Italiener durften kommen, Juden, Russen, Polen und viele andere. Vielleicht waren all diese Frauen und Männer nur deshalb willkommen, weil die Amerikaner vorher die Iren aufgenommen hatten? Vielleicht hätten all diese Menschen nicht kommen dürfen, hätte es nicht die Iren und ihre Hungersnot gegeben. Wenn dem so ist, dann wäre die Kartoffel mit dafür verantwortlich, dass die Vereinigten Staaten heute ein multikulturelles Land sind …

6. Von Hexen, Göttern und Schamanen

Drogen

Doch zurück zur Muskatnuss. Für moderne Menschen ist sie einfach eine in einem Tütchen verpackte Kugel, die im Supermarktregal zwischen Lorbeerblatt und Oregano steht. Erschwinglich für jeden. Kaum einer verbindet das stumpfbraune Ding noch mit wagemutigen Seefahrern, Ruhmesgier und Völkermord auf einer kleinen, weit entfernten Insel. Muskatnuss würzt, wissen wir. Und einigen dämmert es bei näherem Nachdenken: Macht sie nicht high? Da war doch was. In der Tat. In den sechziger Jahren des 20. Jahrhunderts kam Muskat als Rauschmittel in Mode. Das Gerücht, man könne sich mit großen Mengen des Gewürzes in einen Rauschzustand versetzen, verbreitete sich unter Gefängnisinsassen in den USA und in der Hippie-Bewegung. Neugierige schluckten Riesenmengen Muskatnuss. Einige sahen angeblich Trugbilder und hörten nicht vorhandene Geräusche und Stimmen. Andere verspürten keine Wirkung. Dass sie ihre Gesundheit, vielleicht ihr Leben riskierten, wussten vorher wohl die wenigsten.

Auch wenn es kaum zu glauben ist: Muskat ist in hoher Dosis gefährlich. Menschen, die einen Muskatrausch erleben, haben eine tödliche oder zumindest beinahe tödliche Dosis des Gewürzes geschluckt. Ihre veränderte Wahrnehmung ist eine Nebenwirkung ihrer schweren Vergiftung. Auf den Gewürztütchen steht einfach deshalb kein Warnhinweis, weil niemand auf die Idee kommen würde, eine Ein-Personen-Portion Pizza oder Spinat mit zwei oder drei geriebenen Muskatnüssen zu würzen. Denn das schmeckt zum Speien scheußlich.

Die aromatische braune Frucht ist also je nach Dosis Gewürz oder Gift. Ein richtiges pflanzliches Rauschmittel ist sie nicht. Denn diese wirken auf die Psyche, ohne uns sofort tödlich zu vergiften. Sie berauschen, putschen auf, verursachen Halluzinationen oder bringen Schlaf. Von den vielen Geschenken, die Pflanzen uns machen, sind Rauschmittel die unheimlichsten. Sie können schreckliche Schäden anrichten. Denn sie sind doppelgesichtig: Die Wirkung, die der Konsument sich wünscht, kommt nie allein. Immer ist mindestens ein Haken dabei ...

Der Schlafmohn etwa ist eine schöne, oft über einen Meter hohe Blume. Schon die Sumerer bauten ihn an, vor 6000 Jahren. «Pflanze der Freuden» nannten sie ihn. Der Schlafmohn trägt zarte Blüten, weiße oder blassviolette. Aus ihnen wachsen runde Fruchtkapseln. Sie sind etwa walnussgroß und tragen eine Art flachen Hut. An seinem Rand befinden sich meist kleine Öffnungen, aus denen die winzigen Samenkörner fallen. Reife Samenkörner sind harmlos. Sie verzieren Brötchen oder liefern Öl. Gefährlich sind die unreifen Kapseln. Wenn man sie anritzt, tritt ein Milchsaft aus. Er trocknet zu einer braunen, zähen Masse – dem Rohopium. Opium schmeckt bitter und riecht eigenartig dumpf und betäubend. Es enthält über 30 Substanzen, die die normale Tätigkeit von Gehirn und Nerven verändern. Zu ihnen gehören Morphin, Codein, Narcotin und Narcein.

Aber das ist noch nicht alles. Der wichtigste Inhaltsstoff des Opiums – das Morphin – lässt sich in Heroin verwandeln. Dazu muss man nicht Chemie studiert haben. Die chemische Prozedur ist so einfach, dass sich Heroin in jedem beliebigen «Waschküchenlabor» herstellen lässt.

Der Berliner Giftforscher Louis Lewin fand in den zwanziger Jahren einen passenden Namen für die Rauschmittel aus dem Schlafmohn. Er nannte Opium, Morphin und Heroin «Seelenberuhigungsmittel». Dieser Name beschreibt die verlockende Seite des Mohns: Seine Inhaltsstoffe erzeugen ein Gefühl von Glück. Angst schwindet. Angenehme Gedanken verscheuchen die schwarzen. Man wird schläfrig. Unter Umständen entsteht ein sehr lang andauernder Dämmerzustand. Schmerzen schwinden.

«Kostet einer des Weins, mit dieser Würze gemischet, dann benetzet den Tag ihm keine Träne die Wangen, wär ihm auch sein Vater und seine Mutter gestorben», beschreibt die «Odyssee» den Opiumrausch. Heroin hat eine noch stärkere Rauschwirkung. Morphin betäubt körperliche Schmerzen am besten.

Ein reiner Segen für die Menschheit sind diese Substanzen bekanntlich trotzdem nicht, im Gegenteil. Denn alle drei machen normalerweise sehr schnell süchtig. Und schon steckt man mittendrin im Teufelskreis der Abhängigkeit: Die erwünschten Wirkungen des Rauschmittels werden schwächer. Trotzdem verlangt der Körper die Chemikalie aus dem Mohn wie früher Essen und Trinken. Bekommt er sie nicht, fühlt man sich entsetzlich. Gedanken und Gefühle des oder der Abhängigen sind nie wieder wie zuvor. Denn das Leben dreht sich bald nur noch um drei Dinge: Geld auftreiben, Droge kaufen, Droge nehmen.

Schätzungsweise jeder und jede sechste Heroinsüchtige stirbt binnen fünf Jahren nach Beginn der Abhängigkeit. Es sind die Begleiterscheinungen der Sucht, die töten: Unsaubere Nadeln übertragen Infektionskrankheiten wie Hepatitis oder Aids. Jemand spritzt sich versehentlich eine Überdosis. Jemand begeht Selbstmord, weil das Heroin seine Persönlichkeit zerrüttet hat.

Wäre es also besser, es gäbe keinen Mohn? So einfach ist das nicht. Unsere Ärztinnen und Ärzte wären oft hilflos ohne diese Pflanze, denn sie liefert wichtige Arzneimittel. Codein etwa stillt starken Hustenreiz, Narcotin und Narcein lindern Darmkrämpfe. Am bedeutsamsten jedoch ist das Morphin. Es ist eines der stärksten Schmerzmittel, die wir kennen. Bei manchen Krankheiten ist es die einzige Substanz, die den Leidenden zuverlässig von seinen Qualen befreit.

Ein Kranker muss dabei nicht süchtig werden, wie es früher oft geschah. Heute wissen Mediziner, wie man mit dem Medikament aus dem Mohn umgehen muss. Ihr Trick: Die

Morphinmenge im Blut des Kranken darf möglichst wenig
schwanken. Dann spürt der Kranke kein Auf und Ab von
Rauscheuphorie und Entzugserscheinungen. Er erlebt auch
nicht, dass der Schmerz wiederkehrt – denn er bekommt ja
rechtzeitig neues Morphin gespritzt. Das Medikament er-
scheint ihm wenig bedeutsam. Anders als ein Mensch auf
dem Weg in die Sucht erlebt er ja nichts Besonderes, wenn er
es bekommt. Seine Gedanken kreisen nicht um das Morphin.
Er entwickelt deshalb nicht den Wunsch, mehr von dieser
«Wundersubstanz» zu sich zu nehmen.

Um die schmerzstillende Wirkung des Morphins so kunstvoll
und patientenfreundlich auszunutzen, brauchen Ärzte eine
spezielle Ausbildung. In anderen Worten: Es ist sehr schwer,
die hochwirksame Mohnsubstanz zu zähmen. Morphin und
viele andere pflanzliche Rauschmittel sind und bleiben nun
mal gefährlich. Man könnte sie mit Raubtieren vergleichen.
Nur wenige Menschen können sich ungefährdet zu ihnen in
die Manege begeben. Denn nur wenige sind zum Dompteur
oder zur Dompteuse geeignet und ausgebildet.

Rausch und Sucht – biochemisch betrachtet

Wie genau der Schlafmohn Macht über Menschen gewinnt,
ist zum Teil auch heute noch ein Rätsel. Man weiß aber mitt-
lerweile, dass Morphin und Heroin den Endorphinen ähneln.
Das sind Botenstoffe, mit denen die Nervenzellen des Gehirns sich verständigen.*
Endorphine unterdrücken die Schmerzwahrnehmung, dros-
seln die Atmung und erzeugen Glücksgefühle. Das Gehirn
setzt sie in großen Mengen frei, wenn wir seelisch oder körperlich stark belastet werden – etwa bei einer Geburt oder
einer schweren Verletzung. Kleinere Endorphinmengen steuern vermutlich – gemeinsam mit anderen Stoffen – unsere
Stimmung.

---

* Wer mehr darüber wissen will, wie Drogen auf das Nervensystem wirken, findet
Informationen unter: www.eduvinet.de/mallig/bio/neuro/nerven1.htm

Morphin und Heroin wirken im Gehirn ähnlich wie die körpereigenen Endorphine. Doch wir sind offensichtlich nicht dafür gemacht, mit einer Überdosis dieser chemischen Glücksboten zu leben: Führt sich jemand zu viel von den Mohnsubstanzen zu, versucht der Körper, den «Normalzustand» wiederherzustellen. Das heißt, er stellt sich auf das Rauschmittel ein und reagiert nicht mehr mit der gewünschten Euphorie. Sobald das gewohnte Rauschmittel jedoch nicht mehr im Blut zirkuliert, fällt er in einen schweren Reizzustand. Der Abhängige ist verwirrt. Ihm ist entsetzlich übel, sein Herz rast, er steht am Rande der Ohnmacht. Außer den Mohnsubstanzen macht auch das aus den Blättern des Kokastrauches hergestellte Kokain körperlich abhängig.

Es gibt eine zweite große Gruppe von Rauschpflanzen, die ganz anders wirkt als der Mohn. Diese Pflanzen verändern nicht nur die Stimmung, sondern erzeugen zusätzlich Halluzinationen. Das heißt, sie täuschen die Sinne – oder erweitern sie, wie manche meinen. Zu den Pflanzen mit einer solchen halluzinogenen Wirkung gehören der meskalinhaltige Peyotekaktus und der indische Hanf, der Haschisch und Marihuana liefert.

Auch ihre Inhaltsstoffe beeinflussen die Nervenzellen des Gehirns. Die meisten von ihnen ähneln den Botenstoffen Serotonin und Dopamin. Diese Substanzen steuern Schlaf, Stimmungen, Aufmerksamkeit und Lernen. Sie sorgen dafür, dass wir nur einen Teil all dessen wahrnehmen, was in unserer Innen- und Außenwelt passiert. Unter dem Einfluss halluzinogener Rauschpflanzen ist diese Regulation teilweise aufgehoben. Das Bewusstsein wird mit Sinneswahrnehmungen, Erinnerungen und Gedanken überschwemmt. Der Konsument kann diese Erscheinungen nicht mehr bewerten, sondern ist ihnen mehr oder weniger ausgeliefert.

Rauschpflanzen mit halluzinogener Wirkung erzeugen kaum körperliche Entzugserscheinungen. Sie machen also nicht im strengen Sinne süchtig. Allerdings kann eine psychische

Abhängigkeit eintreten. Sie macht die Betroffenen manchmal ebenso lebensuntüchtig wie eine «richtige» Sucht.

Unheimliche Fahrten

Es hat aber schon immer Frauen und Männer gegeben, die unbeschadet mit pflanzlichen Rauschmitteln umgingen. Das waren besondere Menschen: Schamaninnen, Priester, Heilerinnen, Medizinmänner. Oft hatten sie in ihrer Jugend einen Traum oder eine Vision, in denen ein Gott oder eine Göttin sie zu ihrer Aufgabe berief. Sie mussten sich Prüfungen unterziehen, um zu beweisen, dass sie dieser verantwortungsvollen Aufgabe gewachsen waren, und um das Vertrauen ihrer Mitmenschen zu gewinnen.

Ihren «Stoff» bekamen sie nicht von Dealern. Sie sammelten und präparierten ihre Rausch erzeugenden Pflanzen selbst. Lehrmeisterinnen oder Lehrmeister hatten ihnen beigebracht, wie die Blätter, Stängel oder Blüten vorbereitet werden mussten. Sie hielten sich streng an diese altüberlieferten Regeln.

Wenn sie ihr Rauschmittel schließlich rauchten oder einnahmen, taten sie das während einer Zeremonie. Sie tanzten, sangen oder atmeten rhythmisch. Dadurch verengte sich ihr Bewusstsein: Sie fielen in Trance, sahen Bilder, die den anderen verborgen blieben. Die Substanzen aus den Rauschpflanzen unterstützten diesen Vorgang.

All das diente nicht der persönlichen Freude. Diese Männer und Frauen erfüllten eine anstrengende und wichtige Aufgabe: Für ihre Mitmenschen stellten sie den Kontakt zu höheren Welten her. Unter dem Einfluss der Droge reisten sie ins Reich der Götter und Geister und brachten von dort wichtige Botschaften mit. Sie wussten um die Stimmung der höheren Wesen. Zürnten sie? Oder waren sie den Menschen wohlgesinnt? Empfahlen sie eine Hochzeit? Einen Kriegszug?

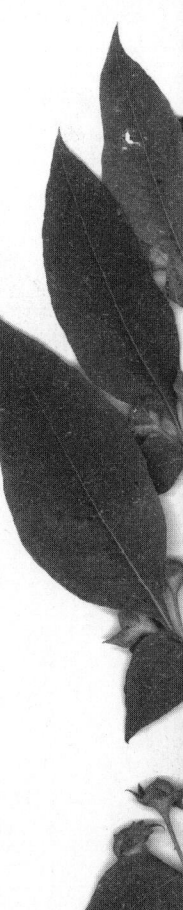

Den Erntebeginn? Verlangten sie ein Opfer, damit ein unfruchtbares Paar ein Kind empfangen oder ein Kranker gesunden konnte?

In einigen Gegenden der Welt – etwa in Sibirien oder in Mittel- und Südamerika – gibt es heute noch Schamaninnen und Schamanen. Was sie auf ihren inneren Reisen erleben, lässt sich mit Worten nur andeuten. Eine Schamanin, die in Trance die verlorene Lebenskraft eines Kranken sucht, durchquert vielleicht das Tor des Todes und der Krankheit. Sie kämpft mit eisigen Winden, brennenden Wäldern und Flüssen voll Blut. Dann überquert sie steile Gebirge. Dort sieht sie die Knochen von Schamanen und ihren Reittieren, die die gefährliche Fahrt nicht überlebt haben. Durch die Gurgel einer entsetzlichen Schlange tritt sie in das Reich der Toten ein. Sie besänftigt die heulenden Herrscher der Unterwelt und bittet sie um die Seele ihres Patienten.

Wahrscheinlich sind solche unheimlichen Fahrten fast so alt wie die Menschheit. Jedenfalls finden sich auf Bildern, die Urmenschen hinterlassen haben, deutliche Hinweise auf Schamanenkulte. Oft sind zum Beispiel Umrisse von Tieren abgebildet, deren Skelett zu sehen ist. Noch heute glauben manche Eskimo-Familien, dass ein richtiger Schamane lernen muss, einen Körper so leuchtend und durchsichtig zu sehen, dass er jeden einzelnen Knochen erkennen kann.

Die ältesten dieser Zeichnungen im «Röntgenstil» finden sich auf 8 000 bis 15 000 Jahre alten Knochengravuren aus Südfrankreich. Ähnliche Bilder sind auch aus Norwegen, Sibirien, Indien, Australien, Nordamerika und China bekannt. Sie wurden in Felsen gehauen oder verzierten Schamanentrommeln und -mäntel. Ob die frühen Seherinnen und Seher unter Drogeneinfluss standen, lässt sich heute nicht mehr feststellen. Forscherinnen und Forscher sind sich aber einig, dass unsere Vorfahren kräuterkundig waren.

Weltweit gibt es etwa 60 «Schamanen-Pflanzen». In Nordeuropa benutzten die Zauberinnen und Zauberer alter Zeiten

vor allem Pflanzen aus der Familie der Nachtschattengewäch-
se. Sie mischten zum Beispiel halluzinogene «Hexensalben»,
die Tollkirsche, Bilsenkraut, Stechapfel und Alraune enthiel-
ten. Das konnte lebensgefährlich sein, denn all diese Pflanzen
sind hochgiftig.

Sibirische Volksstämme aßen Fliegenpilze, um Halluzinationen auszulösen. Wer den Pilz verträgt, erlebt eine beträchtlich
veränderte Welt. Der Giftforscher Louis Lewin hat Fliegen-
pilzberauschte beschrieben: Sie halten Pfützen für Seen und
setzen mit grotesken Sprüngen über winzige Hindernisse
hinweg.

Eine etwas sanftere Methode der Bewusstseinserweiterung
bevorzugten dagegen die Skythen. Angehörige des gefürchteten Bogenschützenvolkes aus dem Ostiran legten in alten
Zeiten Hanfsamen auf heiße Steine, übergossen sie mit Wasser und nahmen ein Schwitzbad. Danach dürften sie sich –
wie heutige Haschischraucher – in einer trügerisch verwandelten Umgebung wieder gefunden haben, in der die Zeit ungewöhnlich langsam läuft.

Einen Kaktus verwenden die mexikanischen Indios, wenn sie
Kontakt zu höheren Welten aufnehmen wollen – den Peyote,
der das Rauschmittel Meskalin enthält. Er ist rundlich, sta-
chellos und eher klein, höchstens so groß wie ein mittlerer
Kürbis. Peyote ist giftig, aber er schmeckt so Übelkeit erre-
gend, dass man normalerweise keine tödlichen Mengen hin-
unterbringt. Selbst geübte Konsumenten müssen sich über-
winden, das bittere Kaktusfleisch zu kauen.

Heute nehmen etliche Amerikaner Peyote, ohne dabei feste
Regeln einzuhalten. Doch früher verzehrten die Indios den
Kaktus nur während eines speziellen Festes. Vorher reinigten
sie sich in einer langen Zeremonie. Dann «erlegten» sie die
Pflanze mit Pfeilen. Wenn sie sie später kauten, erschien
ihnen Alltägliches mystisch. Wände atmeten, Bäume verzerr-
ten sich. Der eigene Körper erschien riesig oder zwergenhaft
klein. Die Peyotekauer lachten grundlos oder bekamen pani-

sche Angst. Irgendwann erschien der Geist des Kaktus und beantwortete Lebensfragen.

Was Menschen im Rausch erleben, hängt natürlich von der Art ihrer Rauschpflanze ab. Ebenso wichtig ist jedoch, welcher Kultur die Konsumenten angehören. Ein Quechua-Schamane aus Ecuador, der ein Gebräu aus Ayahuasca trinkt – der «Liane der Geister» oder «Seelenranke» –, meint, die Zukunft zu sehen. Wenn dagegen ein Waiká-Schamane aus dem Amazonas-Regenwald «ebena»-Pulver schnupft – eine Mischung verschiedener Rinden und Blätter –, dann verlässt sein Geist den Körper und fährt in die Geisterwelt. Erst trifft er dort freundliche Wesen, etwa den Affen- oder Tukangeist, und bittet sie um Hilfe. Später macht er sich auf die Suche nach Dämonen, die er erlegen kann.

Moderne Menschen, die mit Schamanen-Pflanzen experimentieren, haben alle möglichen Erlebnisse. Geister und Götter jedoch treffen die wenigsten von ihnen.

Schade eigentlich. Wer wäre nicht manchmal gern Schamanin? Oder Heiler und Hellseher? Aber wir Bewohner der Industriestaaten werden nun einmal nicht zu solchen Berufen erzogen.

Mehr noch: Ganz anders als die Schamanen missbrauchen wir die unheimlichen Geschenke der Rauschpflanzen. In Deutschland sterben jährlich etwa 1600 Menschen an den Folgen der Drogensucht. Etwa drei Prozent der Jugendlichen konsumieren regelmäßig illegale Drogen, und ungefähr anderthalb Prozent der Erwachsenen gelten als drogenabhängig.

Woran das liegt? Erstens daran, dass unsere Staaten den illegalen Drogenhandel nicht unter Kontrolle bekommen. Jeder kann gefährliche Suchtstoffe erwerben. Bei uns berauschen sich deshalb alle möglichen Leute – und nicht, wie in den alten Kulturen, nur Auserwählte. Am schlimmsten dabei ist, dass auch Kinder und Jugendliche, die ja besonders suchtgefährdet sind, Rauschmittel bekommen können.

Zweitens haben wir leider gelernt, Pflanzenstoffe zu verändern, genauer gesagt, zu verstärken: Aus Haschisch, dem

Blütenharz des indischen Hanfs, wird konzentriertes Ha-
schischöl. Aus eher schwach wirkenden Cocablättern wird
Kokain; Mohnsaft wird in Heroin verwandelt. Beide Substanzen machen sehr schnell abhängig. Kokain ist außerdem der
Grundstoff für die gefährliche Modedroge Crack. Chemiker
können manche pflanzlichen Rauschmittel sogar in beliebigen Mengen künstlich herstellen, etwa das LSD aus dem
Mutterkornpilz. Und sie entwickeln neue Drogen wie Ice,
Angel Dust oder Ecstasy.

Was die Drogenhändler heute anbieten, ist weitaus gefähr-
licher als das, was die Natur bereithält, und es ist vielfältiger
als alles, was sich ein Schamane irgendwo sammeln könnte,
denn es kommt aus Feldern, Wäldern und Chemielabors
überall in der Welt. Wer aus irgendeinem Grunde mit dem
Drogenkonsum beginnt, kann sich bedienen wie im Supermarkt. Er wählt aus dem Angebot aus, was zum Glück zu
fehlen scheint – und rennt damit vielleicht ins Unglück.

7. Giftmischer

Chemiefabrik Pflanze

Anfang der siebziger Jahre beschaffte sich die englische Biologin Miriam Rothschild zwei Sorten Hanf – eine mexikanische und eine türkische. Die mexikanische enthält sehr viel Tetrahydrocannabinol. Diese chemische Substanz, abgekürzt «THC», erzeugt den Haschisch- und Marihuana-Rausch. Die türkische Sorte ist harmloser. Aus ihren Fasern lassen sich Seile und Netze herstellen und aus ihren Samen Vogelfutter. Rauschmittel jedoch liefern die türkischen Pflanzen nicht. Denn statt THC enthalten sie das inaktive CBD.

Frau Rothschild nahm Raupen des Braunen Bären, eines in Mitteleuropa heimischen Nachtfalters. Sie setzte den Tieren jeweils eine Sorte Hanf vor und stellte fest: Nach Genuss der mexikanischen Sorte starb ein Teil der Larven. Die türkische Sorte dagegen vertrugen sie gut. THC ist also für diese Raupen – und auch für viele andere Insekten – giftig.

Experimente wie dieses lösen das Rätsel, warum Pflanzen sich die Mühe machen, die Menschheit mit Rauschmitteln zu versorgen. Sie meinen gar nicht uns. Oft zielen sie auf ihre sechsbeinigen Feinde: die Insekten und ihre knabbernden, stechenden, saugenden Larven. Viele pflanzliche Rauschmittel sind in erster Linie Insektengifte. Ein Teil von ihnen wirkt auch auf Weidetiere. Die Gifte sollen verhindern, dass zu viele Blätter, Wurzeln und Blüten gefressen werden.

Bei ihren Hanf-Experimenten machte Rothschild noch eine zweite Beobachtung: Die Raupen lieben das zerstörerische THC. Bekommen sie THC-freie und THC-haltige Blätter zur Auswahl, dann bevorzugen sie die rauschmittelhaltigen, trotz Lebensgefahr. Das ist ungewöhnlich. Normalerweise schrecken pflanzliche Gifte die krabbelnden Gierschlünde ab. Genauer gesagt: Sie schmecken den meisten Insekten nicht, und das ist den Pflanzen nur recht. Was Braune Bären beim Hanf-

knabbern empfinden, wissen wir nicht. Wahrscheinlich etwas
anderes als Menschen. Denn chemische Substanzen wirken
auf verschiedene Lebewesen ganz unterschiedlich. Aber
vielleicht entwickelt irgendwann jemand ein Messgerät, mit
dem man herausfinden könnte, ob Raupen doch so etwas wie
Halluzinationen bekommen …

Das Hanf-Beispiel zeigt: Die Pflanzen befinden sich in einem
endlosen Abwehrkampf. Sie können nun mal nicht weglau-
fen. Und sind dazu wunderbar nahrhaft. Scharen von Insekten, Pilzen und weidenden Tieren haben nichts anderes im
Sinn, als sie zu verzehren. Nur wenige Pflanzen geben dem
nach wie das Gras, das sich dicht an die Erdoberfläche
schmiegt, um nicht vollständig abgefressen zu werden, und
darüber hinaus noch unterirdische Ausläufer bildet. Die
meisten wehren sich: Sie besitzen Dornen, Haken, Stacheln,
Stechhaare und Blätter voller Kristalle, an denen sich Raupen
stumpfe Zähne holen. Wenn diese mechanischen Waffen
nicht ausreichen, dann kämpfen die Pflanzen notgedrungen
auch mit chemischen Mitteln.

Von wegen lauschige Wiesen, friedliche Wälder! Aus der Sicht
einer Biochemikerin oder eines insektenkundigen Botanikers
ist Grün eine Kriegsfarbe und die blühende Natur ein Gift-
schrank: Nahezu jeder Baum oder Strauch, fast jedes wilde
Kraut ist für irgendjemanden unbekömmlich oder schädlich.

Wie alle Lebewesen sind die Pflanzen kleine chemische Fabri-
ken. Ihr Sein und Tun gründet auf Stoffwechsel. Ob sie nun
wachsen, blühen, fruchten, Samenkörner herstellen oder Abwehrstoffe – immer werden dabei komplexe chemische Ver-
bindungen aufgespalten oder verknüpft. Das ist an sich
nichts Besonderes. Wie gesagt, haben ja auch Tiere einen
Stoffwechsel. Viele biochemische Vorgänge laufen bei ihnen
sogar fast genauso ab wie bei ihren grünen Verwandten.

Doch die Pflanzen haben – unter anderem weil sie zusätzlich
eine Unzahl von Abwehrstoffen produzieren müssen – eine
wesentlich vielfältigere Biochemie als Tiere.

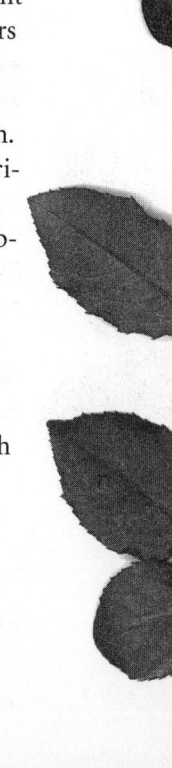

So erklärt es sich, dass über achtzig Prozent der heute bekannten Natursubstanzen von Pflanzen stammen. Die Namen der wichtigsten Gruppen pflanzlicher Abwehrstoffe lesen sich wie das Inhaltsverzeichnis eines dicken Chemiebuches: Da gibt es Alkaloide, Amine und Aminosäuren, cyanogene Glykoside, Glucosinolate, Isothiocyanate, Diterpenoide, Saponine, Tannine, Phenole, Limonoide und viele andere. Könnten Insekten lesen und verstehen, dann würde ihnen diese Liste Entsetzen einflößen. Denn an den meisten dieser Substanzen können sie krepieren.

Wir Menschen haben es da etwas besser. Richtig giftig sind für uns fast nur Abwehrstoffe aus der Substanzklasse der Alkaloide. Das sind ringförmige stickstoffhaltige Moleküle. Wir kennen heute die chemische Struktur von etwa 10 000 verschiedenen Sorten. Zahlreiche andere werden zur Zeit untersucht. Manche entfalten erst bei Dauerkonsum ihre verderbliche Wirkung, andere sind auch schon bei einmaligem Verzehr gefährlich. Mit den giftigsten dieser Supergifte haben sich Menschen seit undenklichen Zeiten gegenseitig umgebracht. Die alten Griechen etwa töteten den Philosophen Sokrates mit einem Extrakt aus Schierlingsblättern. Der auch bei uns heimische gefleckte Schierling enthält das hoch gefährliche Alkaloid Coniin. Normale, nicht von Giftmischern bedrohte Esser werden oft durch den bitteren Alkaloidgeschmack vor Vergiftungen bewahrt. Er legt allen Pflanzenfressern nahe, sich lieber eine weniger gefährliche Mahlzeit zu suchen.*

Doch einige Alkaloide haben wir schätzen gelernt. Wir genießen zum Beispiel die anregende Wirkung von Kaffeebohnen und scheren uns nicht darum, dass ihr Coffein eigentlich dazu dienen sollte, Raupen zu töten und Käfer unfruchtbar zu machen.

* Giftpflanzendatenbank mit Bildern und Informationen unter:
www.botanikus.de/Gift/ordnung.html

Von Aromen, Heilbädern und Hormonen

Mit dem Wissen um die große biochemische Vielfalt im Pflanzenreich wird sich kein Leser mehr darüber wundern, dass unsere Apotheken Mittel wie Salbeitee oder Digitalis aus Fingerhut vorrätig haben und nicht etwa Igelniere oder zerstoßene Rinderhufe. Denn unter den zahllosen Pflanzeninhaltsstoffen finden sich viel mehr Arzneien als unter den Substanzen tierischen Ursprungs. Auch die auf den ersten Blick merkwürdige Tatsache, dass Früchte und Gemüse geschmacklich stärker variieren als Fleisch verschiedener Organismen, lässt sich durch den chemischen Abwehrkampf der Pflanzen gegen ihre Fressfeinde erklären.

Vielleicht würde es manchem das Kochen verleiden, ahnte er, dass einige Gerichte ihr Aroma Insektengiften verdanken ... Senföle zum Beispiel sind für fast alle Krabbeltiere hochgiftig. Chemiker nennen sie Isothiocyanate. Mit ihnen wehrt sich nicht nur die Senfpflanze, sondern die gesamte Familie der Kreuzblütler – Weißkohl, Rotkohl, Blumenkohl, Rosenkohl und so weiter. Auch das Myristicin der Muskatnuss kann Insekten umbringen. Und die intensiv duftenden Geruchs- und Geschmacksstoffe von Zimt, Gewürznelke und Pfefferminze ebenso.

Oder betrachten wir den angenehmen, leicht zusammenziehenden Geschmack von Tee. Er kommt von den Gerbstoffen, die auch Tannine genannt werden. Gerbstoffe haben eine für kleine hungrige Fresser unangenehme Eigenschaft: Sie binden sich an Eiweiß, einen wichtigen Gewebebaustein. Frisst ein Insekt zu viele Tannine, dann zerstören sie ihm das Darmgewebe.

Tannine gehören zu den am weitesten verbreiteten Abwehrstoffen. Auch unsere einheimischen Eichen benutzen sie. Früher wussten die Menschen das noch genau. Mit Sud aus Eichenrinde verwandelte die Zunft der Gerber Kuhhaut (also eiweißhaltiges Gewebe) in Leder. Eichenblätter, mit heißem

Wasser aufgegossen, gaben einen entzündungshemmenden Badezusatz. Die darin enthaltenen Tannine ziehen die weiche Haut über Wunden zusammen. So verhindern sie, dass sich Bakterien einnisten.

Die Blätter für so ein Heilbad sollten nicht vor August gesammelt werden. Denn ungefähr in diesem Monat beginnen die Eichen, sich heftig gegen ihre saugenden, stechenden, knabbernden Feinde zu wehren: Der Gerbstoffgehalt der Blätter steigt rapide an. Gleichzeitig nimmt die Zahl Blätter verzehrender Insekten in den Eichen drastisch ab. Manche Arten verlassen die Bäume sogar ganz. So zählten Wissenschaftler auf einer Eiche im Juni 110 Schmetterlingsarten. Im Spätsommer konnten sie nur noch 65 nachweisen – ein Hinweis auf die Effektivität der Tannine!

Weniger erforscht, aber vielleicht ebenso wirksam wie Alkaloide und Tannine sind Pflanzensubstanzen, die wie Hormone wirken. Hormone sind Botenstoffe im Körper von Menschen und Tieren, die in Blut und Gewebe zirkulieren. Es gibt kaum eine Lebensfunktion, an deren Steuerung sie nicht beteiligt sind. Auch Pflanzen besitzen Hormone. Sie sind aber, soweit wir wissen, ganz anderer Natur als die der Menschen und Tiere. Deshalb reagierte die wissenschaftliche Welt skeptisch, als einige Forscher in den dreißiger Jahren plötzlich behaupteten, sie hätten weibliche Geschlechtshormone in Blättern und Früchten entdeckt.

Es dauerte Jahrzehnte, bis diese Ergebnisse bestätigt werden konnten. Doch heute wissen wir, dass manche Pflanzen wirklich Spuren solcher Östrogene herstellen. Andere enthalten Substanzen, die ähnlich wie Geschlechtshormone wirken. Forscherinnen und Forscher sind sich allerdings immer noch nicht ganz einig, warum. Verwenden Pflanzen wider Erwarten doch Botenstoffe, die unseren gleichen? Sind die Hormone Zwischenprodukte des Stoffwechsels ohne eigene Funktion? Oder – spannend für Ökologen, die sich mit dem Zusammenspiel zwischen Pflanzen und Tieren befassen – sollen die

Östrogene etwa feindlichen Säugetieren schaden? Tatsächlich gibt es pflanzliche Stoffe, die den Hormonhaushalt und damit die Fruchtbarkeit von Menschen und Tieren beeinträchtigen. Aber produzieren die Pflanzen solche Stoffe «absichtlich», um die Zahl ihrer Fressfeinde auf ein erträgliches Maß zu verringern?

Dass Pflanzen wie Verhütungspillen wirken können, haben die Holländerinnen während des Zweiten Weltkriegs zu spüren bekommen. Damals war Nahrung so knapp, dass die Menschen anfingen, Tulpenzwiebeln zu essen. Dadurch veränderte sich bei vielen Frauen die Regelblutung, und ihr Eisprung blieb aus: Die Blumenesserinnen waren vorübergehend unfruchtbar geworden. Auch andere Nahrungsmittel beeinflussen den weiblichen Zyklus – zumindest, wenn man sie in großen Mengen verzehrt. Zu ihnen gehören etwa Knoblauch, Hafer, Gerste, Roggen, Kaffee, Sonnenblumenkerne, Petersilie und Kartoffeln.

Auch Klee – eine beliebte Futterpflanze für unsere Haustiere – verursacht zuweilen Hormonprobleme. Denn einige Arten enthalten Stoffe, die wie Östrogen wirken. Der in Australien wachsende Erdfrüchtige Klee etwa verursacht den Schafzüchtern dort bis heute wirtschaftliche Verluste. Er verringert die Fruchtbarkeit der Schafe, kompliziert ihre Geburten und lässt zuweilen die Milch versiegen. Die Farmer versuchen immer wieder, ihn durch neu gezüchtete ungefährliche Kleearten zu ersetzen. Doch das bleibt meist vergeblich: Der erdfrüchtige Klee ist hervorragend an Klima und Boden Australiens angepasst, und in der Erde lagern unzählige seiner Samenkörner. So setzt er sich immer wieder durch. Jedes Jahr bekommen etwa eine Million australischer Schafe wegen der «Kleekrankheit» keine Lämmer.

Dass die grünen Lebewesen der Erde wirklich biochemische Tausendsassas sind, war spätestens dann klar, als man pflanzenproduzierte Insektenhormone fand. Eines dieser Hormone hat eine kuriose Entdeckungsgeschichte: Der tschechoslo-

wakische Biologe Karel Sláma, ein Spezialist für Feuerwanzen, wurde von einem Kollegen aus den USA an die Harvard-Universität eingeladen. In den Vereinigten Staaten angekommen, wollte Sláma wie gewohnt Feuerwanzen züchten. Doch was er auch versuchte: die Tiere entwickelten sich nicht wie sonst. Von den 1215 Feuerwanzen, die Sláma aus seiner Heimat mitgebracht hatte, wurde nur ein Tier erwachsen. Alle anderen blieben Larven. Erst nach längerer Zeit stellte sich heraus, was den Entwicklungsstopp verursacht hatte: Das Filterpapier war schuld, mit dem der Biologe die Schalen für seine Larven ausgelegt hatte.

Sláma hatte die Marke gewechselt, als er von Europa in die USA umzog. Statt mit britischem Whatman-Papier hatte er seine Schalen mit amerikanischen Zellstofftüchern ausgelegt. Und das war nicht so belanglos, wie er angenommen hatte. In den Vereinigten Staaten wird Papier nämlich, anders als in Europa, zum großen Teil aus dem Holz der Balsamtanne hergestellt. Es stellte sich heraus, dass dieser Baum ein Hormon produziert, das das Wachstum der Feuerwanzenlarven hemmt. Es wird in den Zellstofffabriken nicht zerstört. Amerikanische Zeitungen enthalten also ein natürliches Insektizid, europäische und japanische nach dem heutigen Stand des Wissens nicht. Außer der Balsamtanne und einigen anderen Nadelbäumen stellen zum Beispiel auch viele Farne und die Eibe Insektenhormone her.

Nobody is perfect

Wir können die Pflanzen also beglückwünschen. Sie sind raffinierter als unsere Chemiefabriken. Mit den unglaublichsten biochemischen Tricks schützen sie sich davor, in Grund und Boden geknabbert zu werden. Aber was ist mit den Pflanzenfressern? Warum können sie existieren, wenn doch ihr Futter sein Bestes tut, um unverdaulich zu sein? Nobody

is perfect, heißt die Antwort, nichts und niemand ist vollkommen. Und die anderen nutzen das nach Kräften aus.
Sehen wir uns nur unseren Alltag an: Hacker dringen in
Hochsicherheits-Computersysteme ein. Jede Auto-Diebstahl-
sicherung wird irgendwann geknackt. Und selbst den Gesün-
desten unter uns läuft zuweilen die Nase.

Die grünen und die andersfarbigen Lebewesen unseres Planeten spielen ein Wechselspiel. Wer kriegerische Vokabeln
mag, kann es Wettrüsten nennen. Entwickelt eine Pflanzenart
eine geniale neue Abwehr, dann erfindet bald ein Fresser das
Gegenmittel. Das ist so, seit es Pflanzen und Tiere gibt, und es
wird auch so bleiben. Klingt entsetzlich, zugegeben. So als
teilten die Pflanzen das Schicksal des griechischen Helden
Sisyphos. Er muss einen Felsbrocken bergan wuchten. Doch
kurz vor dem Gipfel rast der Riesenstein jedes Mal in die Tiefe, sodass der erschöpfte Held ewig wieder bei null anfangen
muss.

Recht überlegt, ist die Situation der Pflanzen aber nicht ganz
so schlimm. Ein paar zerstörte Blätter oder Blüten lassen sich
verschmerzen. Meist gibt es viele von ihnen. Wenn es sein
muss, wachsen sie auch nach. Aus Pflanzensicht ist es deshalb
oft erträglich, von einigen wenigen Arten angefressen zu werden. Besser, als wenn sich alle bedienen. Auf die Gewohnhei-
ten weniger Feinde kann man sich ganz gut einstellen, auf ein
Trommelfeuer unterschiedlichster Angriffe dagegen schlecht.
Und ist die Masse der Hungrigen erst von der Mahlzeit aus-
geschlossen, kann man ja ein zweites Gift gegen die verblei-
benden Esser herstellen – falls sich der Aufwand lohnt.

8. Apotheke Natur

Arzneipflanzen

Am 21. Juni ist Sommersonnenwende. Die Sonne steht so hoch wie sonst nie. Sie schenkt uns den längsten Tag des Jahres und die kurze, lichte Mittsommernacht. In Schweden, Dänemark und anderen nordeuropäischen Ländern stellen die Menschen einen bändergeschmückten Baum auf den Dorfplatz. Sie tanzen wild und ausgelassen um ihn herum und feiern die heiße, mächtige Sonne.

Wie die Menschen alter Zeiten die Sonnenwende begingen, hat der deutsche Ethnologe Wolf-Dieter Storl aufgeschrieben: Sie suchten neunerlei Holz zusammen und entfachten damit lodernde Feuer. In die Flammen warfen sie trockenen Beifuß – ein hoch wachsendes würziges Kraut, das noch heute wie damals an Wegen und Ufern, in Ödland und Schutt gedeiht. Die Pflanze erzeugte eine hohe, helle, violette Lohe. Männer, Frauen, Kinder staunten sie an. Es musste stimmen, was Eltern und Großeltern ihnen erzählt hatten. Im Beifuß war die Göttin persönlich anwesend. Artemis nannte man sie, Dea-Ana oder auch Frau Holle.

Durch das göttliche Feuer sprangen die Feiernden von einer Jahreshälfte in die andere, bloß mit Beifuß umgürtet. In den Händen trugen sie Eisenkraut. Ihr Haar war mit einem Kranz aus blaublütigem, scharf duftendem Gundermann geschmückt. In diesen beiden Pflanzen steckte der Gefährte der Göttin, der Donnerer mit dem mächtigen Hammer.

Was konnte nicht alles geschehen in der Mittsommerzeit! Man glaubte, dass Heinzelmännchen verborgene Schätze verrieten. Musik sollte aus Bergen tönen, Geisterzüge, Nixen und Elfen erscheinen, Zwerge Hochzeit machen. Als besonders geheimnisvoll galt die Nacht. Zur zwölften Stunde, so hieß es, pflückten splitternackte Hexen ihre Zauberkräuter. Und zuweilen blühe dann plötzlich das Farnkraut. Es trage Samen,

für eine Sekunde nur. Wer sie fände, könne sich unsichtbar
zaubern und werde unermesslich reich.

Die Bäuerinnen sammelten zur Sommersonnenwende Kräuter, neun an der Zahl. Durch deren Blättergewirr blickten sie
ins Mittsommerfeuer. Dabei flüsterten sie uralte Sprüche, die
die Heilkraft der Pflanzen steigern sollte. Dieser Brauch ist
sicher älter als das Christentum. Doch seit unsere Vorfahren
Christen geworden waren, nannten sie die Sonnenwendarz-
neien Johanniskräuter. Denn das Geburtsfest des heiligen
Johannes ist am 24. Juni, drei Tage nach der Sommersonnenwende.

Welche Pflanzen man als Johanniskräuter pflückte, war von
Gegend zu Gegend verschieden. Fast immer waren jedoch
Kamille, Arnika, Beifuß dabei – und natürlich Hartheu, das
echte Johanniskraut. Es gedeiht an trockenen Wegrändern
und auf nicht zu feuchten Wiesen. Seine vielen kleinen Blüten sehen aus wie strahlend gelbe Sonnen.

Sammlungen solcher magischen Kräuter gehörten damals
zur Grundausstattung jeder Heilerin und jedes Heilers. Sie
wurden natürlich nicht nur zur Sonnenwende gesammelt,
sondern auch zu anderen magischen Zeiten des Jahres. Heiler
und Kranke waren sich einig: In den Pflanzen steckt über-
menschliche Kraft.

Darüber, woher diese Kraft kam, hatte jedes Dorf, jede Zeit
eigene Vorstellungen. Die vorchristlichen Europäer verstanden Heilpflanzen meist als Wohnstätte von Naturgöttern,
Zwergen oder Elfen. Später stellte man sich oft vor, dass
christliche Heilige bestimmte Kräuter besonders gesegnet
hätten. All diese Ideen stecken noch heute in unserer Sprache: «Heilen» kommt vom althochdeutschen Wort «Heil».
Das hieß auf der einen Seite Glück und Gesundheit. (So
verstehen wir den Ausdruck ja heute noch.) Daneben aber
bedeutete «Heil» auch «Beistand» oder «Helfer».

Die Kranken spülten sich also den Mund mit gebrühter Ei-
senkrautwurzel. Badeten den Unterleib in Kamillentee, legten

ein Schafgarbenpflaster aufs wehe Bein. Tranken Beifuß in Milch oder schlürften in Wein gesottenes Hartheu. Im Sommer waren sie über das Sonnwendfeuer gesprungen. Nun vertrauten sie sich der Wirkung der Johanniskräuter an. Und wirklich kamen Götter, Elfen oder Heilige aus den Pflanzen und standen den Kranken bei. Natürlich hätte kein noch so modernes Messgerät ihre Gegenwart nachweisen können. Sie existierten ja nur im Kopf der Patienten. Trotzdem ging es den meisten Leidenden mit Heilkräutern viel besser als ohne.

Einmal lag das am Glauben: Wenn jemand fest auf eine Arznei vertraut, dann wird dadurch wirklich so etwas wie ein Beistand herbeigezaubert. Moderne Mediziner nennen diese Erscheinung «Placeboeffekt». Sie sagen, dass Glaube dem Menschen hilft, sich selbst zu heilen. Das liegt an den Immunzellen in unserem Blut. Sie bekämpfen Krankheiten und reagieren dabei auch auf unsere Stimmungen. Bei vertrauensvollen Patienten arbeiten sie besser als bei misstrauischen. Der Effekt kann so stark sein, dass man wirklich das Gefühl hat, ein helfender Geist habe seine Hände im Spiel.

Ein Teil der alten Heilpflanzen wirkt allein durch diesen Placeboeffekt. Es war mehr oder weniger Zufall, dass man gerade diese Kräuter verwendete. Manchmal hatte ihr Aussehen irgendwelche magischen Vorstellungen erweckt. So glaubten zum Beispiel viele Völker der Erde, dass Gleiches Gleiches heilen müsse: Man meinte, ein herzförmiges Blatt lindere Herzbeschwerden, ein nierenförmiges besiege Nierenkrankheiten, ein gelber Saft halte die Gelbsucht in Schach und eine wuchernde, schmarotzende Pflanze helfe gegen Krebs.

Altes Hexenwissen in den Apotheken

Viele Kräuter können aber noch viel mehr als nur den Glauben der Patienten stärken. Sie greifen in die biochemischen

Abläufe im Körper ein – genau wie die Medikamente, die moderne Pharmazeuten aus chemischen Grundstoffen zusammenbasteln. Selbst im Computerzeitalter nutzt man solche Pflanzen. Oftmals sind es die gleichen, die schon den Kräuterweiblein, Schamaninnen und Magiern grauer Vorzeit bei der Arbeit halfen.*

Und wenn ein neues Medikament entwickelt werden soll, beginnt die Arbeit oft damit, eine Menge alter Medizinkräuter zu testen. Nicht nur europäische, sondern auch solche aus Regenwald, Steppe und Savanne.

Warum unsere Wissenschaftler nicht ohne die überlieferten Kenntnisse der Kräuterhexen und Schamanen auskommen können? Ganz einfach: Sie brauchen jemanden, der ihnen sagt, wo sie mit der Suche beginnen sollen. Denn auf der Erde gibt es unglaublich viele verschiedene Pflanzen. Wir kennen allein 235000 verschiedene Blütenpflanzen. Bisher haben unsere Forscherinnen und Forscher etwa 2000 davon auf ihre medizinische Wirkung untersucht. Nehmen wir einmal an, sie würden in diesem Tempo weitermachen. Bis sie alle Pflanzen durchgemustert hätten, wären über 6000 Jahre vergangen!

Die traditionellen Heilerinnen und Heiler hatten diese Zeit – wenn man sie alle zusammennimmt. Immer wieder haben sie ausprobiert, welche Blüten, Blätter oder Wurzeln ihren Kranken besonders gut wieder auf die Beine halfen. Was sie sahen, haben sie nicht für sich behalten, sondern ihren Kindern oder Schülern weitererzählt. Das ging oft viele hundert Generationen lang so.

Sicher irrten die Heiler bisweilen. Außerdem fehlte ihnen natürlich die naturwissenschaftliche Ausbildung. Viele neigten deshalb dazu, sich die medizinische Macht einer neu erkannten Heilpflanze größer vorzustellen, als sie wirklich war: Sie wendeten das Kraut wahllos bei allen möglichen Krankheiten an – auch bei solchen, wo es gar keine Wirkung hatte. Aber trotzdem können sich ihre gesammelten Ergeb-

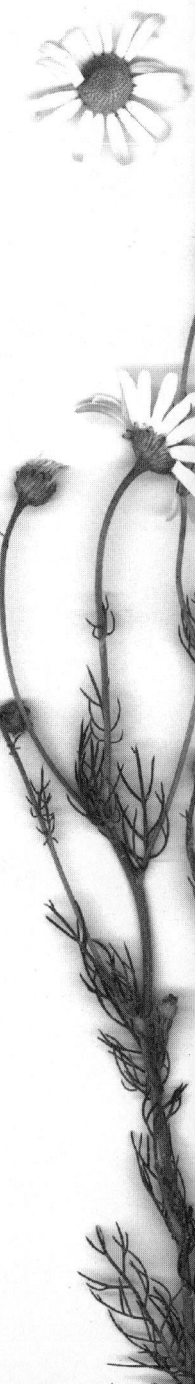

* Arzneipflanzengarten des Botanischen Gartens Berlin-Dahlem:
bgbm3.bgbm.fu-berlin.de/bgbm/garden/bereiche/bereiche/az_plan.htm

nisse sehen lassen. Aus der Fülle der Pflanzen haben sie solche herausgefunden, die die Abläufe im menschlichen Körper beeinflussen.

Nehmen wir die Johanniskräuter, von denen schon die Rede war. Sie alle werden heute noch von Ärztinnen und Ärzten empfohlen. Salbe aus den Blütenköpfchen der Kamille heilt entzündete Haut. Der Tee hilft gegen Magenkrämpfe; sein Dampf löst Erkältungen. Sportler können mit Arnikasalbe den Schmerz in verstauchten und geprellten Gliedern lindern. Beifuß – das Feuerkraut, in dem die Göttin haust – wirkt krampfstillend und verdauungsfördernd.

Hartheu, das echte Johanniskraut, hat in letzter Zeit sogar eine ungewöhnlich steile Karriere gemacht. Es ist ein sehr wirksames Mittel gegen Depressionen. Merkwürdig, nicht wahr? Die Sonnenpflanze enthält wirklich chemische Stoffe, die die Stimmung aufhellen. Selbst in den USA, wo die meisten Menschen auf möglichst moderne Medzin schwören, ist es inzwischen sehr beliebt.

Wären die Kräuter, die in einer Arznei enthalten sind, immer auf der Packung abgebildet, dann sähen unsere Apotheken aus wie Blumenläden. Denn ein ganzes Viertel der Medikamente, die heute in den USA, in Kanada oder in Westeuropa verordnet werden, enthalten pflanzliche Wirkstoffe.

Betrachten wir etwa Digitalis. Dieses hochwirksame Medikament lässt das Herz langsamer und kräftiger schlagen. Wahrscheinlich hat es schon Millionen von Herzkranken das Leben gerettet. Auch heute noch wird es aus den getrockneten Blättern des Fingerhuts hergestellt.

Diese schöne Waldpflanze wurde in die moderne Medizin eingeführt, weil der Brite William Withering sich im Jahre 1775 in die Malerin Helen Cookes verguckte. William hatte an der Universität Edinburgh Medizin studiert – und die Botanikvorlesungen, die er sich anhören musste, langweilig gefunden. Jetzt arbeitete er als Arzt. Die lästige Pflanzenkunde war er eigentlich ein für alle Mal los. Wäre da nicht Helen gewesen.

Sie liebte es, Blumen zu malen. William, der natürlich gefallen wollte, begann ihr welche zu sammeln. Wir können uns vorstellen, wie dem jungen Mann dabei zumute war. Beim Blumenpflücken träumte er von Liebe und Liebeszauber. Pflanzen fesselten seine Phantasie, und die einst so gehasste Botanik schien ihm romantisch und schön.

Witherings Verliebtheit in Helen Cookes verging. Was blieb, war sein neu erwachtes Interesse an der wissenschaftlichen Pflanzenkunde. Als jemand ihn auf eine alte Frau in der Grafschaft Shropshire aufmerksam machte, die angeblich Wassersucht mit Kräutern heilte, ging er dem Fall nach. Und tatsächlich: Die Arznei der Heilerin wirkte abschwellend. Sie konnte Menschen helfen, deren Körper von Wassereinlagerungen unförmig aufgequollen waren.

Für ihre Patienten mischte die alte Frau aus Shropshire über zwanzig verschiedene Pflanzen zusammen. Withering vermutete gleich, dass Fingerhut der wirksame Bestandteil ihrer Arznei sei. Er kannte alte Kräuterbücher. Deren Verfasser hatten aufgeschrieben, was die Volksmedizin über Heilpflanzen wusste. In solchen Werken wurde der Fingerhut oft erwähnt. «Die Fingerhutkreüter gesotten und getrunken/zerteylen die grobe feüchtigkeyt/seubern und reynigen/nemen hinweg die verstopffung der leber und anderer inwendigen glider», heißt es zum Beispiel im «New-Kräuterbüchlein» von Leonhart Fuchs, das erstmals im Jahre 1543 erschien. Der scharfsinnige Withering begann also mit Fingerhut zu experimentieren. Er behandelte seine an Wassersucht leidenden Patienten erfolgreich mit dem Kraut. Seine Beobachtungen notierte er sorgfältig. Nach zehnjähriger Forschungsarbeit veröffentlichte er seinen «Bericht über den Fingerhut und einige seiner medizinischen Anwendungen» – die Waldblume war von einem Volks- oder Hausmittel zu einem wissenschaftlich geprüften Medikament geworden.

Der Fingerhut besitze «einen Einfluss auf die Herztätigkeit von einem Ausmaß, wie es noch bei keiner anderen Medizin gefunden wurde», schrieb Withering. Warum Digitalis bei Wassersucht hilft, verstand er allerdings nicht ganz. Heute wissen wir, dass sich das Blut in den Adern staut, wenn das Herz schlecht pumpt. Dieser Blutstau führt dazu, dass sich Wasser im Gewebe sammelt.

Der Fingerhut verbessert die Leistung des Herzens. Seine Inhaltsstoffe hemmen bestimmte Mineralienpumpen in unseren Herzmuskelzellen. Dadurch steigt deren Natriumgehalt. Sie reagieren anders als zuvor auf die elektrischen Impulse, die den Herzschlag steuern. Das Herz schlägt dadurch langsamer, aber kräftiger. Schluckt jemand allerdings zu viel Fingerhutextrakt, verlangsamt sich der Herzschlag zu sehr. Im besten Falle erbricht der Patient dann und bekommt vorübergehende Sehstörungen. Im schlimmsten Falle kommt er nicht mit dem Leben davon.*

Moderne – also naturwissenschaftlich geprüfte – Pflanzenmedikamente helfen gegen sehr viele verschiedene Krankheiten. Sie bekämpfen unter anderem Husten, Zahnschmerzen, Brechreiz, Warzenviren, Verstopfung, Magengeschwüre, Krämpfe und Krebs. Manche dieser Arzneien bestehen heute aus chemisch veränderten Pflanzensubstanzen – etwa das bekannte Schmerzmittel Aspirin.

Es wird aus Salicylsäure hergestellt. Dieser Wirkstoff ist im duftenden Mädesüß und in Weidenbäumen enthalten. Vor langer Zeit schon hatten Menschen in den verschiedensten Ländern entdeckt, dass die beiden Pflanzen Fieber und Schmerzen lindern. Anfang des 19. Jahrhunderts entdeckte man die Struktur der Salicylsäure, stellte die Substanz chemisch her und verkaufte sie. Im Jahr 1899 verbesserten Chemiker der Firma Bayer dann den nachgemachten Pflanzenwirkstoff: Sie synthetisierten die Acetylsalicylsäure und nannten sie Aspirin. Der Name ist eine Abwandlung von Spiraea ulmaria, dem alten lateinischen Namen für das Mädesüß.

Andere Pflanzenwirkstoffe, die wir schlucken, sind seit Tausenden von Jahren in Gebrauch – etwa das Asthmamedika-

---

* Wozu der Fingerhut und andere Pflanzen solche medikamentös wirksamen Giftsubstanzen herstellen, steht in Kapitel 7.

ment Ephedrin. Es wird aus Meerträubel hergestellt. Aus
diesem ginsterähnlichen Gewächs bereiteten die Chinesen
schon vor 5000 Jahren einen heilsamen Tee – der legendäre
Kaiser Shen Nung hat es aufschreiben lassen.
Auch das Chinin aus der Borke des Chinarindenbaumes ist
ein sehr altes Heilmittel. Mit ihm behandelten die Inkas
Malaria, das gefürchtete Sumpffieber. Anfang des 17. Jahrhunderts wurde Chinin den Europäern bekannt. Zum ersten
Mal in ihrer Geschichte verfügten sie über ein wirksames Ma-
lariamittel. Wer genug Chinin hatte, konnte plötzlich Kriege
in Gebieten führen, wo früher die Soldaten krepiert waren
wie die Fliegen.
Heute wirken Chinin und die später entwickelten künstlichen Medikamente in vielen Sumpffiebergebieten nicht
mehr. Das liegt daran, dass die Erreger immun gegen sie geworden sind. Forscherinnen und Forscher in aller Welt versuchen deshalb, neue und wirksame Arzneien gegen die heim-
tückische Tropenkrankheit zu entwickeln.
Dabei haben sie kürzlich wieder einmal ein Heilkraut für sich
entdeckt. Mit Artemisia annua, einer asiatischen Verwandten
unserer alten Götterpflanze Beifuß, behandelten schon die
alten Chinesen die Malaria. Aus dem Kraut stellt ein Schwei-
zer Konzern seit einiger Zeit das hochwirksame Artemisin
her. Das Mittel scheint selbst Patienten zu helfen, bei denen
kein anderes Malariamedikament anschlägt.
Gegenüber chemisch hergestellten Medikamenten weist Artemisia noch einen weiteren Vorteil auf: Sie lässt sich in den
Malariagebieten Afrikas und Asiens anbauen und vor Ort zu
Tee verarbeiten. So kann ihre Heilkraft Menschen zugute
kommen, die bettelarm sind – so arm, dass sie sich Medikamente der Pharmaindustrie nicht leisten können.

9. Lügen, lieben, Gedanken lesen

Können Pflanzen mit uns kommunizieren?

Am Starnberger See lebt eine Hexe. Genauer gesagt: eine Frau, die sich so nennt. Sie hat dunkle Haare, blitzende Augen und kräftig geschwungene Lippen. Auf ihrem linken Oberarm schlängelt sich eine tätowierte Echse. Um den Hals trägt sie zuweilen ein Kettchen aus Eulenfedern.

Luisa Francia beschäftigt sich, wie Hexen es seit jeher tun, mit den Geheimnissen der Natur. Sie selbst ist das Messgerät. Sie fühlt sich in ihre Umwelt ein. Und zwar sehr geduldig und sorgfältig. Sie glaubt, dass sie dadurch in Bereiche vordringt, die normalen Forscherinnen und Forschern verschlossen bleiben. Ihr Gefühl sagt nun Luisa Francia, dass Pflanzen uns wahrnehmen und verstehen können.

Im Hof des Bauernhauses, in dem sie lebt, steht ein großer alter Walnussbaum. Vor Jahren war dieser Baum krank. Die Beamten der Kreisverwaltung wollten ihn fällen lassen. Daraufhin ging die Hexe jeden Abend zu ihm. Sie wisperte seiner Rinde «Du musst stark sein!» zu. Immer wieder. Sie setzte sich unter ihn und sang ihm vor, was ihr in den Sinn kam. Besonders Opernarien. Denn sie glaubt: Vielleicht vermissen alte Bäume, dass keiner mehr in ihrem Schatten sitzt und singt, wie es in alten Zeiten üblich war. Der Nussbaum erholte sich.

Luisa Francia ist sicher, dass sie ihn mit ihren Liedern und ihrer Zuwendung geheilt hat. Sie findet es bedeutungsvoll, dass der Baum nach seiner Genesung einen ungewöhnlich langen Zweig wachsen ließ. Zum Dank – glaubt sie – streichelte er dann mit seinen schön gefiederten Blättern den Balkon.

Luisa Francia steht nicht allein. Wie sie reden viele Menschen mit Pflanzen. Die meisten davon sind ganz normale Leute, die Grünpflanzen besitzen und eine fast persönliche Bezie-

hung zu ihnen aufgebaut haben. Sie erkundigen sich täglich
nach deren Wohlergehen, streichen durch ihre Blätter, knip-
sen vertrocknete Blüten ab, singen ihren Pflanzen etwas vor
und schwören, dass diese ihnen all die Fürsorge und Aufmerksamkeit durch prächtiges Wachstum danken.
Manchen Menschen gehen diese Erklärungen aber nicht weit
genug. Wie Luisa Francia sind sie davon überzeugt, dass
Pflanzen Gefühle haben und mit Menschen kommunizieren
können, auch wenn sie keine Stimme, keine Mimik, kein
Nervensystem und kein Gehirn besitzen. Der bekannteste
Verfechter der These, dass Pflanzen geistige Fähigkeiten und
eine Art Seelenleben haben, ist wohl der US-Amerikaner
Cleve Backster. Seine Versuche wurden in den sechziger Jah-
ren weltbekannt. Immer wieder entdecken Menschen die
Bücher, die über ihn geschrieben worden sind, verschlingen
sie und sind fasziniert. Bis heute gibt Backster Interviews zu
seinen Entdeckungen und spricht auf Kongressen. Allerdings
handelt es sich eher um Esoterik-Kongresse als um wissenschaftliche. Denn ein allgemein anerkannter Forscher ist
Backster nicht.
Seine Karriere als Pflanzenexperte begann im Jahr 1966.
Damals arbeitete er für den Geheimdienst der Vereinigten
Staaten von Amerika. Er hatte sich auf Lügendetektoren spezialisiert – auf jene Geräte also, die in den USA bei manchen
Gerichtsverfahren eingesetzt werden. Sie registrieren, wenn
ein Mensch in Aufregung gerät. Sei es, weil er lügt, sei es aus
einem anderen Grund. Dann atmet er schneller, sein Herz
pocht, sein Blutdruck steigt, und die Haut sondert Schweiß ab.
Das Schwitzen registriert ein Messgerät namens «Galvanometer». Dazu werden zwei Kabel am Körper des Lügenkandida-
ten befestigt. Durch sie wird ein schwacher, nicht spürbarer
elektrischer Strom geschickt. Er fließt über die Haut zwischen
den Kabeln. Da feuchte Haut den Strom besser leitet als trockene, steigt der Stromfluss, wenn dem Befragten der Schweiß
ausbricht. Der Zeiger am Galvanometer schlägt aus, und ein

Schreibgerät zeichnet diesen Vorgang als Messkurve auf.
Eines Abends muss Backster vom Spieltrieb gepackt worden
sein. Er klemmte die Kabel eines solchen Galvanometers an
die schwertförmigen Blätter eines kleinen Drachenbaums.
Der wissenschaftliche Name dieser palmenartigen Topfpflanze lautet Dracaena massangeana. Mit dieser an sich unsinni-
gen Anordnung wollte er versuchen zu messen, wie schnell
sein Gießwasser oben in den Blättern ankommt.
Die Messkurve, die bei diesem Versuch entstand, war anders,
als Backster erwartet hatte. Sie erinnerte ihn an die Kurven
menschlicher Kandidaten, die bei einem Verhör in Aufregung
geraten. Backster hielt das nicht für Zufall. Deshalb versuchte
er, den Drachenbaum zu reizen. Er hoffte, wieder eine Reaktion messen zu können. Sein erster Versuch – er tunkte ein
Blatt in eine Tasse Kaffee – blieb erfolglos. Der Zeiger des
Galvanometers schlug nicht aus.
Daraufhin wollte er das Blatt, an dem die Kabel angebracht
waren, versengen. Aber noch bevor er zur Streichholzschach-
tel greifen konnte, schlug das Galvanometer aus. Der Schreiber beschrieb eine lang gezogene Kurve nach oben.
Was war passiert? Dem Drachenbaum war sicher nicht der
Angstschweiß ausgebrochen. Doch in seinen Blättern war
etwas abgelaufen, das ihre Leitfähigkeit vergrößert hatte. Die
meisten Menschen hätten das wohl für einen Zufall gehalten.
Doch Backster glaubte, die Pflanze habe seine Gedanken
gelesen. Diese Schlussfolgerung änderte sein Leben. Er wurde
zu einer Art Pflanzensprachenguru.
In den folgenden Monaten schloss Backster die unterschied-
lichsten Pflanzen an seinen Lügendetektor an. Er testete
Zwiebeln, Orangen, Bananen, Salat und was ihm sonst noch
in die Finger kam. Botaniker fragte er dabei nicht um Rat.
Allein oder mit Freunden, ohne pflanzenkundliche Ausbildung, ohne genaues Wissen über den Aufbau und die Funktion von Blättern, Stiel und Wurzeln erzielte er – angeblich –
die phantastischsten Ergebnisse.

So machte zum Beispiel eine Bekannte Backsters eine Flugreise. Backster bat sie aufzuschreiben, was sie dabei erlebte, und auch die Uhrzeiten zu notieren. Zu Hause schloss er eine ihrer Grünpflanzen an das Galvanometer an. Bei diesem Versuch glaubte er festzustellen: Jedes Mal, wenn die Frau sich beim Starten oder Landen fürchtete, erhöhte die Pflanze ihre Leitfähigkeit. Topfpflanzen, folgerte er, halten über Tausende von Kilometern die Verbindung zu ihren Besitzern aufrecht. Ein anderes Mal lud Backster sechs Studenten zu einem Versuch ein. Sie mussten Lose aus einem Hut ziehen. Auf einem stand die Anweisung, eine bestimmte Topfpflanze mit den Wurzeln herauszureißen und auf ihr herumzutrampeln. Diese Tat musste heimlich begangen werden. Weder Backster noch einer der übrigen Studenten sollte wissen, wer die Zerstörung angerichtet hatte. Nur eine zweite Topfpflanze stand als «Zeugin» dabei. Später schloss Backster ihre Blätter an das Galvanometer an. Er behauptet: Auf die unschuldigen Studenten reagierte die Zeugenpflanze nicht. Aber jedes Mal, wenn der Missetäter in ihre Nähe kam, begann der Zeiger des Galvanometers sich heftig zu bewegen.

Eine große Entdeckung – oder einfach ein Schwindel?

Backster machte seine Versuche bekannt. Daraufhin reisten etliche Wissenschaftler zu ihm. Sie wollten die intelligenten Pflanzen mit eigenen Augen sehen. Einigen Besuchern konnte Backster anscheinend seine unglaublichen Galvanometer-Kunststückchen vorführen: Die Pflanzen schienen Gedanken zu lesen. Sie deckten Lügen auf. Sie erschauderten, wenn ein Tier gequält wurde oder wenn sich jemand in den Finger schnitt.
Anderen Neugierigen ging es jedoch wie dem kanadischen Biologen, der eines Tages zu Backster kam: Kaum war er da, verstummten alle Gewächse. Backster bedrohte sie, ärgerte in

ihrer Gegenwart Spinnen, ließ Hunde ins Laboratorium –
alles Dinge, die sonst angeblich die Galvanometer tanzen
ließen. Nichts passierte. Erst ganz zum Schluss fand sich eine
Pflanze, an der sich einige Galvanometerausschläge messen
ließen.

Backster war nicht um eine Erklärung verlegen. Er fragte
seinen Gast, ob er bei seiner Arbeit Pflanzen zerstöre. Er
bestimme regelmäßig das Trockengewicht von Blättern und
Stängeln, gab der Kanadier zu. Dazu müsse er sie in einem
Ofen rösten. Backster erklärte ihm daraufhin, dass Pflanzen
Menschen erkennen können, die regelmäßig Grünzeug quä-
len. Käme ihnen so ein Bösewicht in die Nähe, dann stellten
sie sich tot.

Aber daran ist etwas merkwürdig. Wenn man Backsters Erklärung zu Ende denkt, müsste jede Pflanze erstarren, sobald
ein Mensch in ihre Nähe kommt. Wir alle essen Brot, Kartoffeln, Möhren, Zwiebeln, Spargel, Spinat, Äpfel und Bananen.
Wir verspeisen sogar mehr davon, als wir unbedingt müssten.
So gesehen ist jeder ein Pflanzenquäler.

Cleve Backster ist bis heute nicht spektakulär entlarvt worden. Doch seine Experimente lassen sich nicht wiederholen –
obwohl es oft genug probiert wird. Wer jedoch wissenschaftlich anerkannt sein will, dessen Versuche müssen auch in
anderer Umgebung, unter fremder Leitung immer wieder zu
denselben Ergebnissen führen. Nur dann kann man sicher
sein, dass der erste Experimentator weder geschummelt noch
sich einer Selbsttäuschung hingegeben hat. Folglich halten
die meisten Botanikerinnen und Botaniker Backster für einen
Scharlatan, der geschickt mit unseren Träumen und Sehn-
süchten spielt.

Schade, nicht wahr? Es wäre wirklich spannend, mit dem
Gras zu plaudern oder zu erfahren, welche Gedanken sich ein
Baum macht. Oder sich noch im Flugzeug auf telepathische
Weise mit seinem Alpenveilchen zu Hause verbunden zu
wissen …

10. Sinneswelten

Wie Pflanzen fühlen

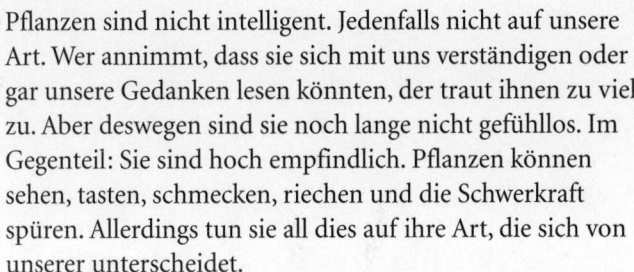

Pflanzen sind nicht intelligent. Jedenfalls nicht auf unsere Art. Wer annimmt, dass sie sich mit uns verständigen oder gar unsere Gedanken lesen könnten, der traut ihnen zu viel zu. Aber deswegen sind sie noch lange nicht gefühllos. Im Gegenteil: Sie sind hoch empfindlich. Pflanzen können sehen, tasten, schmecken, riechen und die Schwerkraft spüren. Allerdings tun sie all dies auf ihre Art, die sich von unserer unterscheidet.

Die pflanzlichen Sinne werden in vielen Ländern der Erde erforscht. Und die Wissenschaftler, die das tun, haben zur Zeit häufig Grund zum Staunen. Ihr Fachgebiet entwickelt sich rasant. «Nichts in der Welt der Pflanzen klingt zu verrückt, um wahr zu sein», sagte vor einiger Zeit der niederländische Botaniker Marcel Dicke einem Journalisten. «Wir haben die Pflanzen unterschätzt ...»

Nehmen wir den Lichtsinn. Dass Pflanzen auf irgendeine Weise Helligkeit und Dunkelheit wahrnehmen, kann sich jeder denken. Schließlich wachsen ihre oberirdischen Teile dem Licht entgegen. Sie strecken sich in die Höhe, wenn es wie gewöhnlich von oben kommt. Fällt es – wie im Blumenfenster – von der Seite ein, dann neigen sie sich und wenden die Oberflächen ihrer Blätter der Scheibe zu.

Aber auch viele Samenkörner, etwa die von Salat, Tabak oder Nelken, nehmen Licht wahr. Sie keimen nämlich nur im Hellen. Bedeckt man solche Samen im Garten versehentlich mit zu viel Erde, dann kann man gießen, soviel man will: Sie rühren sich nicht. Warum sollten sie auch? Schließlich sind sie sehr fein und klein. Sie besitzen deshalb nicht genügend Reservestoffe, um lange durch dunkle Erdschichten zu irren. Und woher sollen sie wissen, ob sie nur einen viertel Zentimeter unter der Oberfläche liegen (das wäre zu schaffen) oder unüberwindbare zehn? Also warten sie mit dem Keimen. Ihre Stunde kommt, wenn ein Regenwurm, ein Maulwurf, ein umstürzender Baum oder die Grabgabel des Gärtners sie ins Helle transportiert.

Größere Samen dagegen keimen oft auch im Dunklen. Sind die ersten weißlich gelben Sprosse da, beginnen sie nicht gleich mit der Chlorophyllmolekül-Produktion. Sie nutzen ihre Energie auch nicht dazu, sich zu verdicken und zu verstärken, sondern bleiben weich und schießen in die Länge. Das ist sinnvoll, denn auch die Nährstoffreserven eines großen Samenkorns sind nicht unendlich. Bleibt sein Spross dünn, kann er sich viel weiter durch die Erde schieben. So vergrößert er seine Chance, an die Oberfläche zu gelangen, bevor seine Energie verbraucht ist. Ist ein Spross endlich am Licht, merkt er das sofort. Statt weiter in die Länge zu wachsen, steckt er nun seine restliche Energie in die Chlorophyllproduktion. Die Photosynthese kommt in Gang. Neue energiereiche Moleküle entstehen. Das junge Pflänzchen, das vielleicht kaum noch Nährstoffreserven hatte, ergrünt und ist gerettet.

Außer dem Keimen und Ergrünen beeinflusst die Sonne noch viele andere pflanzliche Lebensvorgänge. So unterscheiden grüne Gewächse Tag und Nacht. Das merkt man zum Beispiel daran, dass einige nur nach Sonnenaufgang blühen und duften, andere dagegen ausschließlich zu unserer Schlafenszeit.

Am erstaunlichsten jedoch ist die Tatsache, dass manche Pflanzen – etwa Tomaten – ihre Nachbarn wahrnehmen können. Haben sie Platz, dann wachsen sie eher langsam. Ihre Gestalt ist kräftig und gedrungen. Stehen sie dagegen mit anderen Pflanzen dicht an dicht, wachsen sie schneller, um ihre Konkurrenten möglichst bald zu überragen.

Botaniker wissen heute, dass Pflanzen ihre Konkurrenten wirklich mit Hilfe eines Lichtsinnes orten. Ihre Erklärung für das Tomaten-Phänomen lautet: Wo sich viele grüne Blätter drängen, ändert sich die Beleuchtung. Eine dieser Veränderungen besteht darin, dass das Sonnenlicht plötzlich mehr dunkelrote als hellrote Anteile enthält. Blätter nehmen nämlich einen Teil des hellroten Lichtes auf, reflektieren aber das dunkelrote. Und eben an dieser Wandlung des roten Lichtes erkennen die Tomatenpflanzen, dass grüne Nachbarn sie zu überwachsen drohen.

Pflanzen erkennen also verschiedene Arten von Licht. Aber kann man so etwas wirklich Sehen nennen? Oder ist die pflanzliche Art der Helligkeitswahrnehmung so verschieden von unserer, dass wir besser einen anderen Ausdruck verwenden?

Um diese Fragen zu beantworten, muss man sich erst einmal überlegen, wie unsere Augen funktionieren: Wir nehmen Licht wahr, wenn es auf unsere Netzhaut fällt. Die sitzt hinten im Augapfel und ist gespickt mit verschiedenen lichtempfindlichen Molekülen. Sobald Helligkeit auf sie fällt, verändern sie sich. Diese Veränderungen regen den Sehnerv an. Er erzeugt elektrische Impulse, die ins Gehirn gelangen. Dort analysieren unsere grauen Zellen die Signale der Netzhaut. Das Ergebnis dieses Prozesses wird uns bewusst: Wir sehen.

Pflanzen besitzen ebenfalls lichtempfindliche Moleküle. Fachleute nennen sie Phytochrome und Kryptochrome. Sie ermöglichen den grünen Wesen eine ungeheuer feine und vielfältige Helligkeitswahrnehmung. Algen, Moose, Blumen und Bäume reagieren auf Lichtimpulse, die unser Auge noch als tiefe Dunkelheit interpretieren würde. Außerdem nehmen sie Wellenlängen wahr, auf die Menschenaugen gar nicht reagieren.

Dafür entsteht auf unserer Netzhaut ein richtiges Bild der Umwelt, das unser Gehirn auswertet. So etwas können nun wieder die Pflanzen nicht. Sie besitzen ja weder ein Nervensystem noch ein zentrales Gehirn. Was sie wahrnehmen, wird ihnen nicht wie uns bewusst. Ihre Licht-Erkennungsmoleküle sind über ihren Körper verteilt. Werden diese Moleküle gereizt, dann lösen sie über verkettete biochemische Vorgänge die passende Reaktion aus.

Ob das nun Sehen ist, muss jeder selbst entscheiden. Wir wissen nun einmal nicht, wie es sich anfühlt, ein Wesen ohne zentrales Gehirn zu sein. Doch wer den Pflanzen nahe kommen will, kann sich eine Vorstellung von ihrer Art der Lichtwahrnehmung machen. Dafür sollte man sich im Geiste an einen schönen Strand versetzen. Dort liegt man bäuchlings und träumt vor sich hin. Währenddessen knallt einem die Sonne auf den Rücken. Unser Körper nimmt das Licht wahr – und reagiert, ohne dass wir etwas tun oder merken: Wir werden braun. Unsere Augen waren geschlossen, aber unsere Haut hat die Sonne gesehen. Oder etwa nicht?

Orientierung nach Schwerkraft und Geschmack

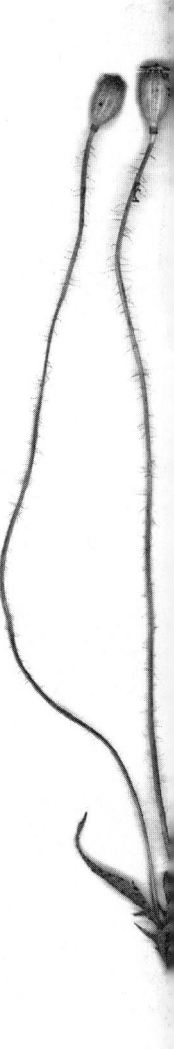

Im Grunde ist es logisch, dass Pflanzen so viel wahrnehmen. Wären sie blind und gefühllos, ohne Zugang zu Informationen aus ihrer Umwelt – wie sollten sie dann überleben? Stellen wir uns zum Beispiel ein keimendes Samenkorn vor, das einen Zentimeter unter der Erdoberfläche liegt. Wenn der Keimling nicht wüsste, wo oben ist, würde er unter Umständen immer tiefer in den Boden wachsen und niemals zur Sonne gelangen, niemals erblühen und sich fortpflanzen können.

Alle Keimlinge wachsen im Dunkeln vom Erdmittelpunkt weg – also in Gegenrichtung zur Schwerkraft. Sobald sie Helligkeit spüren, ändert sich das. Nun strecken sie sich dem Licht entgegen. Wie die Orientierung mit Hilfe der Schwerkraft vor sich geht, versteht man bis heute nicht in allen Details. Sicher ist jedoch, dass immer relativ schwere, kleine Körperchen – beispielsweise aus Stärke – beteiligt sind. Sie schwimmen im zähflüssigen Plasma vieler Pflanzenzellen. Wegen ihres Gewichtes streben sie nach unten. Dabei üben sie anscheinend Druck auf Membransysteme im Zellinnern aus. Dieser Druck zeigt dem jeweiligen Pflanzenteil, wohin er wachsen muss.

Genau wie Keimlinge im Dunkeln streben auch die Stängel der meisten Kräuter und Blumen nach oben – es sei denn, das Licht kommt immer nur aus einer Richtung. Dann ändern sie ihren Kurs unter Umständen ein wenig. Baumstämme dagegen versuchen bei jeder Beleuchtung Richtung Himmel zu wachsen. Blüten- und Fruchtstiele wieder sind unsteter. Manche von ihnen wechseln ihre Wachstumsrichtung. Der Mohn etwa lässt seine Knospen nach unten hängen. Doch die entfalteten Blüten und die Samenkapseln richtet er auf.

Ganz andere Vorlieben als die lichthungrigen oberirdischen Pflanzenteile haben die Wurzeln. Sie vermeiden das Licht. Befinden sie sich im Dunkeln, wächst die Hauptwurzel immer Richtung Erdmittelpunkt. So wird die Pflanze fest im Boden verankert. Die Seitenwurzeln dagegen halten immer einen bestimmten Winkel zur Hauptwurzel ein. Entweder sind sie schräg nach unten gerichtet oder verlaufen waagerecht.

Es geschieht aber auch, dass Wurzeln von ihrem Kurs durch die Erde abgelenkt werden. Wenn sie Nährstoffe spüren, die im Bodenwasser gelöst sind – etwa Nitrate und Ammoniumsalze –, wachsen sie zu ihnen hin und nehmen sie in großen Mengen auf. Man könnte also sagen, dass Wurzeln eine Art Geschmackssinn haben.

Dasselbe gilt für manche Samenkörner. So keimt beispielsweise die Saat von Salat, Sellerie und Raps ausnahmsweise auch im Dunkeln, wenn sie Wasser wahrnimmt, durch das Rauch geleitet wurde. Das ist nicht so absurd, wie es zunächst klingt. Schließlich ist ein Waldbrand für kleine, lichthungrige Gewächse so etwas wie ein Tischleindeckdich, weil alle großen, Schatten spendenden Pflanzen dann umkommen. Ein Samenkorn, das da nicht aufwacht und zu wachsen beginnt, hat die Chance seines Lebens verschenkt.

Den Preis für die empfindlichste grüne «Zunge» müssten
allerdings Tabak-, Mais- und Baumwollblätter bekommen:
Sie nehmen bestimmte Inhaltsstoffe von Raupenspeichel
wahr – und zwar so fein, dass sie verschiedene Arten der
gefräßigen Tiere unterscheiden können. Haben die Blätter
ihren Gegner erkannt, dann senden sie spezielle Geruchs-
signale aus. So locken sie die passenden Raupenfeinde – etwa
parasitische Schlupfwespen – an.
Dass Pflanzen darauf reagieren, dass sie von Schädlingen be-
fallen werden, ist ein verbreitetes Phänomen.*
Sie bilden dann normalerweise verschiedene ungewöhnlich
riechende Substanzen – sei es nun, um die Feinde ihrer
Schädlinge anzuziehen oder um die Produktion pflanzen-
eigener Abwehrstoffe anzukurbeln. Seit einigen Jahren weiß
man nun, dass manche Pflanzenarten – etwa Tomaten –
solche Düfte wahrnehmen. «Schnuppern» sie, dass eine
Nachbarin von Fressfeinden angegriffen wird, dann fangen
sie an, vorbeugend eigene chemische Abwehrsubstanzen zu
bilden.

Von zarten Pflänzchen und grünen Rockfans

Wer all das weiß, wird sich nicht wundern, dass Pflanzen
auch Wärme und Kälte spüren. Dass ihr Tastsinn weit emp-
findlicher als der des Menschen ist – wie sollten die Ranken
einer kletternden Wicke sonst etwas zum Herumschlingen
finden? Oder dass sie merken, wenn der Wind sie schüttelt –
dann verstärken sie ihre Gewebe.
Pflanzen, die ohne viel Luftbewegung im Gewächshaus oder
auf der Fensterbank heranwachsen, können «verzärteln»: Sie
bleiben dann eher weich und wachsen sehr in die Länge.
Wenn solche Stubenhocker in ihrer schützenden Umgebung
bleiben dürfen, bringen sie unter Umständen mehr Ertrag –
denn sie können die Energie, die Freiluftgewächse zur Ver-

* Mehr darüber steht in Kapitel 7.

stärkung brauchen, in die Samenbildung stecken.
Schön – im Sinne von natürlich – sehen sie dann allerdings
nicht aus. Und versetzt man sie nach draußen, sind sie extrem gefährdet: Ein Windstoß oder ein starker Regen können
sie zerstören. Deshalb ersetzen manche Gärtner den fehlen-
den Wind, indem sie ihre Jungpflänzchen regelmäßig strei-
cheln oder schütteln. So wachsen robuste, buschige Setzlinge
heran.
Ob Pflanzen auch eine Art Gehörsinn haben, können Wissenschaftlerinnen und Wissenschaftler noch nicht mit Si-
cherheit sagen. Es gibt aber Versuche, die nahe legen, dass
Pflanzen auf Schall reagieren. So hat zum Beispiel ein ameri-
kanischer Botaniker mit mehrtägigem Dauerschall experi-
mentiert, der etwa die Frequenz und Lautstärke der menschlichen Stimme hat. Er vermutet, dass diese Laute das Wachstum von Erbsen anregen und die Keimungsrate von Radies-
chensamen verbessern. Ob das so stimmt, ist, wie gesagt,
noch nicht geklärt.
Vielleicht hat der eine oder andere die Zeitungsmeldung über
den britischen Tomatenzüchterverband gelesen. Der empfiehlt seinen Mitgliedern in der Tat, den Pflanzen mit den
leckeren roten Früchten laute Rockmusik vorzuspielen. Gut
geeignet seien zum Beispiel die Titel «Tiger Feet» von Mud,
Gary Glitters «I'm the Leader of the Gang» und alles von
Simply Red. Dabei gelte der Gundsatz: Je lauter, desto besser.
Sind die Züchter nicht ein wenig voreilig, möchte man fragen? Zwar verursacht Musik nicht so starke Erschütterungen
wie Wind und wird den Ertrag von Gewächshauspflanzen
wohl nicht verringern – aber Stereoanlagen kosten schließlich
viel Geld, vom Strom für die Beschallung ganz zu schweigen!
Und die Forschungsergebnisse zum pflanzlichen Gehörsinn
sind doch noch ziemlich nebulös. Außerdem war von Rockmusik in diesem Zusammenhang nie die Rede. Vielleicht
mögen Tomaten – falls sie nicht sowieso taub sind – viel lieber Salsa? Oder Mozart?

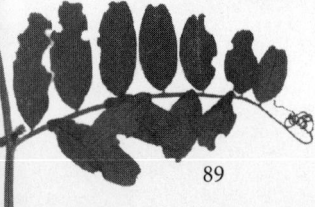

Was soll also das Ganze? Alan Parker, der Vorsitzende des Verbandes, hat die Frage schon oft beantworten müssen. Er glaubt wirklich, dass Gewächshaus-Rock die Tomatenerträge steigern kann. Tomaten hören also doch? Keineswegs, sagt Parker. Seine Pflänzchen schätzten es einfach, wenn wummernde Bässe die Luft vibrieren ließen. Gerade diese Frequenz setze besonders viel Blütenstaub frei, verbessere die Befruchtungsrate und dadurch den Fruchtansatz.

11. Pünktlich wie das Ferkelkraut

Innere Uhren

Pflanzen haben sogar ein Gefühl für die Zeit. Es zählt nicht als «Sinn» wie das Registrieren von Licht oder Druck, denn Wissenschaftler sprechen nur dann von Sinnesleistungen, wenn ein Lebewesen einen Reiz aufnimmt – also etwa Lichtwellen absorbiert oder sich unter Druck verformt.

Stunden, Tage, Jahre erzeugen keine solchen Reize. Wer sich über ihr Verstreichen im Klaren sein will, benutzt ein Messgerät mit Eigenrhythmus. Wir Menschen tragen so ein Gerät am Handgelenk und nennen es Uhr. Verlieren wir es, dann wissen wir nur noch ungefähr, wie spät es ist.

Es sei denn, wir wären botanisch gebildet und befänden uns in Malaysia, in der Nähe eines Busches mit dem lateinischen Namen Dillenia suffructicosa. Er hält einen bewundernswert exakten Blührhythmus ein: Um drei Uhr nachts öffnen sich die neuen Blüten. Am selben Tag um vier Uhr nachmittags fallen die zarten gelben Blütenblätter wieder ab. Dillenia gleicht also einer Uhr, die zweimal am Tage die Zeit anzeigt. Wer wollte, könnte den Busch sogar als Kalender benutzen. Denn genau 36 Tage nach der Blüte, wieder um drei Uhr nachts, sind die rosaroten Früchte reif. Sie öffnen sich und entlassen ihre Samenkörner. Kein Zweifel also: Der malaysische Busch misst die Zeit. Er scheint so etwas wie eine eigene Uhr zu besitzen.

Solche inneren Uhren sind – wie wir sehen werden – für das Leben und Überleben der Pflanzen sehr wichtig. Forscherinnen und Forscher, die sich mit ihrer Funktion beschäftigen, haben eine interessante Aufgabe gewählt. Besser gesagt: eine Herausforderung ersten Ranges. Denn die inneren Uhren sind bis heute etwas Geheimnisvolles geblieben.

Der berühmte schwedische Naturforscher Carl von Linné zerbrach sich noch nicht den Kopf darüber, was so eine

innere Uhr ist und wie sie funktioniert. Er beobachtete einfach – und stellte fest, dass viele Pflanzen ihre Blüten zu
bestimmten Tageszeiten öffnen und schließen. Im Jahr 1751
konstruierte er eine Blumenuhr. Das geht, auch wenn die
meisten Blüten ihren Stundenplan nicht so penibel einhalten
wie Dillenia.

So eine lebendige Uhr besteht aus zwanzig bis fünfzig verschiedenen Blütenpflanzen. Sie wachsen auf verschiedenen
Abschnitten eines großen kreisrunden Beetes. Das Beet dient
als Zifferblatt; die Position des imaginären Zeigers lässt sich
daran erkennen, welche Blüten gerade geöffnet oder geschlossen sind. Jeder Ort hat entsprechend Lage und Klima
seine eigene Blumenuhr.

Linnés Ur-Blumenuhr funktioniert in Upsala. In dieser etwas
nördlich von Stockholm gelegenen Stadt öffnet sich der
Wiesenbocksbart zwischen drei und fünf Uhr morgens.
Zwischen vier und fünf folgt die Wegwarte. Gegen fünf falten
sich Braunrote Taglilie, Gänsedistel und Islandmohn auf.
Zwischen fünf und sechs zeigt der Löwenzahn seine leuchtend gelbe Blumenkrone. Ab sechs blühen Doldiges Habichts-
kraut und Geflecktes Ferkelkraut. Und so weiter, bis sich gegen halb acht Uhr abends die Braunrote Taglilie schließt.

Genau genommen steckt jeder Garten, jeder Wald voller grüner Uhrzeiger. Man muss nur aufmerksam hinschauen, wie
es zum Beispiel der makedonische Geschichtsschreiber Androsthenes vor über 2000 Jahren getan hat. Ihm ist aufgefal-
len, dass viele Pflanzen abends ihre Blätter senken oder
zusammenfalten. Fachleute sprechen von Schlafbewegungen.
Besonders auffällig sind diese abendlichen Faltbewegungen
bei Bohnen. Daneben gibt es viele Blüten, die nur zu bestimmten Tageszeiten duften. Und unsere Laubbäume legen
sich mitten im Sommer – weit vor den ersten kalten Herbst-
tagen – Winterknospen zu.

Botaniker können mit dem Mikroskop und mit biochemischen Tests noch viele andere pflanzliche Rhythmen feststel-

len. Zum Beispiel wachsen Blätter, Stängel, Wurzeln und Blüten je nach Tageszeit einmal schneller, einmal langsamer. Der Pegel bestimmter Signalsubstanzen in den Leitungsbahnen schwankt rhythmisch. Die Spaltöffnungen in den Blättern öffnen und schließen sich nach einem inneren Plan (der zusätzlich dem Wetter angepasst wird). Und so weiter.

Das Ganze hat natürlich seinen Zweck. Bei uns auf der Erde verändert sich die Umwelt zyklisch. Nachts ist es dunkel und eher kalt, tagsüber hell und meistens wärmer. Insekten, die Blüten bestäuben, fliegen nur zu bestimmten Zeiten umher. Für Pflanzen ist es daher sinnvoll, die Blüten nur dann offen und duftend zu halten, wenn die passenden Bestäuberinsekten unterwegs sind. Oder die Blattspalten im Morgengrauen zu öffnen, damit der Gasaustausch für die Photosynthese reibungslos funktioniert, sobald die Sonne scheint.

Von Mimosen in der Dunkelkammer und verwirrenden Bohnenuhren

Aber kommen die rhythmischen Veränderungen wirklich von innen? Lange Zeit kam den Pflanzenkundigen gar nicht in den Sinn, dass das der Fall sein könnte. Sie waren sicher, dass äußere Signale den Stundenplan von Algen, Kräutern und Bäumen festlegten. Androsthenes zum Beispiel meinte, dass seine schlafenden Bohnen einfach auf die hereinbrechende Dunkelheit reagierten. Und das könnte ja in der Tat so sein.

Wer also wissen will, ob eine rhythmische Erscheinung wirklich von einer inneren Uhr gesteuert wird, muss diese Annahme testen. Der Erste, der einen solchen Test durchführte, war der französische Astronom Jean Jacques d'Ortous de Mairan. Er nahm sich im Jahre 1729 die Mimosen vor – und begründete mit seinen Experimenten die moderne «Innere-Uhren-Forschung».

Die schönen Mimosenpflanzen mit ihren gelben Puschelblü-
ten falten schon bei leichten Berührungen ihre Fiederblätt-
chen zusammen, als hätten sie sich erschreckt. («Sei keine
Mimose», sagt man deshalb zu Menschen, die leicht ein-
schnappen.) Das ist eine Reaktion auf einen äußeren Reiz
und kein innerer Rhythmus. Doch ganz unabhängig davon
führen Mimosen Schlafbewegungen aus: Jeden Abend senken
sie ihre Blätter. Dann sehen sie aus, als seien sie verwelkt. Jeden Morgen falten sie ihre Blättchen wieder aus.
De Mairan stellte nun Töpfe mit Mimosenpflanzen ins
Dunkle. Und die Pflanzen fielen nicht etwa in Dornröschen-
schlaf, wie man hätte vermuten können. Nein: Sie falteten
und entfalteten ihre Blätter, als könnten sie auf sonderbare
Weise auch in völliger Dunkelheit die Sonne sehen. Doch das
erschien de Mairan unmöglich. Er entwickelte die – nicht nur
für seine Zeit höchst merkwürdige – Idee, dass Pflanzen die
Zeit messen können.
Die meisten Botaniker glaubten ihm und auch späteren
Innere-Uhren-Forschern nicht. Die Zweifler waren der Meinung, dass der vermeintliche Eigenrhythmus mancher Pflanzen daher rühre, dass sie nicht richtig von der Außenwelt ab-
geschirmt seien. Durch irgendein Ritzchen dringe halt doch
ein bisschen Tageslicht. Und wenn nicht, dann gäbe es sicher
einen noch unbekannten Reiz, der Mimosen und anderen
auch im Dunklen die Tageszeit mitteile. Aber eine innere
Uhr? Etwas Lebendiges, das der menschlichen Erfindung mit
ihren Pendeln und Zahnrädern gleicht? Unmöglich!
Mit der Zeit setzte sich de Mairans Idee dann doch durch.
Immer mehr Biologen machten sich daran, das Rätsel der
inneren Uhren zu lösen. So beschäftigten sich zum Beispiel
die Botaniker Erwin Bünning, Kurt Stern und Rose Stoppel
in den zwanziger Jahren mit den Schlafbewegungen der Bohnen.[*] Die Pflanzen standen in einem dunklen Raum in
Bünnings Frankfurter Labor, in dem Lichtverhältnisse, Temperatur und Feuchtigkeit immer gleich blieben.

---

[*] Kurzfilme von solchen und anderen pflanzlichen Bewegungen unter:
sunflower.bio.indiana.edu/~rhangart/plantmotion/plantsinmotion.html (englisch)

Rose Stoppel notierte, wann die Bohnenblätter in ihrer tiefsten Schlafposition waren. Das war jeden Tag zwischen drei und vier Uhr morgens der Fall. So weit, so gut. Die inneren Uhren liefen. Rose Stoppel war auch sicher, dass sie existierten. Aber etwas kam ihr und ihren Kollegen merkwürdig vor: Warum waren die Bohnenuhren so genau?

Stoppel hatte angenommen, dass sie mit der Zeit nach- oder vorgehen würden. Deshalb machte die Wissenschaftlerin sich auf die Suche nach «Faktor X» – irgendeinem Außenreiz, der die inneren Uhren regelmäßig nachstellte. Doch sie konnte ihr «X» einfach nicht finden.

Erst sehr viel später sorgte der Zufall dafür, dass die drei Forscher wieder klar sahen: Rose Stoppel zog nach Hamburg, und Bünning und Stern verlegten das Bohnenexperiment in Bünnings Kartoffelkeller. Sie hofften, dort die Temperatur besser kontrollieren zu können als im Labor. Auch in Bünnings Keller senkten die Bohnen ihre Blätter immer etwa zur gleichen Zeit in die maximale Schlafposition. Aber merkwürdigerweise taten sie das nun acht Stunden später als vorher, nämlich vormittags zwischen zehn und zwölf Uhr.

Wie es dazu kam? Ganz einfach: Rose Stoppel hatte die Pflanzen jeden Morgen gewässert. In vollständiger Dunkelheit hätte sie sicher viel Wasser neben die Töpfe gegossen und sich dazu die eine oder andere Beule geholt. Also nahm sie eine kleine Taschenlampe mit, deren Licht durch dunkelrotes Papier stark gedämpft war. Später verwendete auch Bünning so eine Taschenlampe, wenn er nach der Arbeit Bohnen gießen ging. Wie die gesamte Fachwelt waren Stoppel und Bünning überzeugt davon, dass rotes Licht keinen Effekt auf Pflanzen habe.

Das war falsch. Der tägliche rote Lichtimpuls, kurz und schwach wie er war, hatte ausgereicht, um die inneren Uhren der Bohnenpflanzen zu stellen – auf «null» wenn man so will. Genau sechzehn Stunden nach «null» teilten die Uhren dann den Blättern mit, dass jetzt Zeit für die tiefste Schlafposition sei. Rose Stoppels Taschenlampe leuchtete morgens und stellte die Bohnenuhren auf «Tiefschlaf gegen drei Uhr nachts». Erwin Bünning dagegen goss abends und stellte die Uhren auf «Tiefschlaf gegen elf Uhr vormittags».

Als die Wissenschaftler das durchschaut hatten, verstanden sie die inneren Uhren der Bohnen ein wenig besser: Jeden Morgen stellt der Sonnenaufgang die Uhr, die die Schlafbewegungen kontrolliert, auf «null». Etwa acht Stunden später ist Mittagszeit. Die Bohnenblätter sind nun in bester Photosynthese-Position ausgebreitet. Weitere acht Stunden später – sechzehn Stunden nach «null» – herrscht tiefe Nacht, und die Bohnenblätter befinden sich korrekt in tiefster Schlafposition.

Später setzten Bünning und Stern ihren Bohnenversuch natürlich ohne Rotlichttaschenlampe fort. Und siehe da: Die Pflanzen senkten ihre Blätter nicht mehr täglich zur gleichen Uhrzeit. Stattdessen hielten sie einen 25,5-Stunden-Rhythmus ein.

Moderne Sicht der inneren Uhren

Nach vielen solchen Experimenten konnten die in aller Welt arbeitenden Erforscher des inneren Rhythmus sich darauf einigen, was eine innere Uhr ausmacht:

1. Unbeeinflusst läuft sie in ihrem Eigenrhythmus. Der ist angeboren. Meist entspricht seine Periodenlänge – wie bei den Bohnen – in etwa einem Erdentag. Meerespflanzen und -tiere, die in der Gezeitenzone leben, richten sich nach dem Rhythmus von Ebbe und Flut.

2. Außenreize – zum Beispiel der morgendliche Sonnenaufgang oder die anrollende Flut – «stellen» die Uhr. Deshalb geht sie normalerweise richtig.

3. Eine innere Uhr arbeitet temperaturunabhängig. Das
bedeutet: Sie läuft winters und sommers gleich.

Woraus die inneren Uhren bestehen, gehört zu den großen
Rätseln der Biologie. Vor kurzem sind unsere Wissenschaftlerinnen und Wissenschaftler seiner Lösung aber etwas näher
gekommen. Sie haben «Uhrengene» identifiziert. Das sind
Stellen im Erbmaterial, ohne deren Information die Zeitmes-
sung zusammenbricht. Solche Uhrengene wurden bei der
Taufliege Drosophila, dem Pilz Neurospora, bei Mäusen und
den sehr einfach aufgebauten Cyanobakterien* gefunden. Bei
höheren Pflanzen blieb die Suche bisher ergebnislos.
Natürlich haben die Forscher auch Modelle entwickelt, wie so
eine genetisch gesteuerte Uhr funktionieren könnte. Die Modelle sind im Detail sehr kompliziert. Ihr Prinzip lässt sich
aber verstehen: Zentrum der Uhr ist immer ein so genannter
«autoregulatorischer negativer Feedback-Mechanismus». Das
klingt kompliziert, meint aber nichts anderes als eine Anzahl
von Molekülen, deren Konzentration sich rhythmisch verändert.
Im einfachsten Fall – mit nur einem einzigen «Uhren-Gen» –
könnte dieser Mechanismus so aussehen: Im Zellkern wird
die Geninformation abgelesen. Botenstoffe transportieren sie
ins Zellplasma. Dort veranlassen sie die Produktion von
Eiweißen. Diese Eiweiße wandern langsam zurück in den
Kern und stoppen dort die Ablesung der genetischen Information. Danach zerfallen sie langsam, und die Ablesung
kommt wieder in Gang. Die Eiweißkonzentration steigt
wieder, das Gen wird wieder gehemmt, die Eiweißkonzentration fällt und so weiter, wie die Schwingungen eines moleku-
laren 24-Stunden-Pendels.

* Mehr über diese Pflanzenvorläufer steht in Kapitel 14.

97

Gibt es auch innere Kalender?

Die inneren Uhren steuern also den Tagesablauf der Pflanzen.
Aber die können ja viel mehr als ihre Blüten zu bestimmten
Tageszeiten öffnen. Sie stellen sich auf den Wechsel der Jahreszeiten ein. Sie blühen und fruchten in bestimmten Monaten und bilden rechtzeitig ihre Winterknospen. Das Ganze
geschieht relativ unabhängig vom Wetter. Gibt es also auch
eine innere Jahresuhr?

Die Antwort der Fachleute lautet: Die meisten Pflanzen haben so etwas anscheinend nicht. Trotzdem «messen» sie die
Jahreszeit. Denn wenn Frühling, Sommer, Herbst und Winter
ins Land gehen, dann ändert sich die Tageslänge. Und das
registriert ihre innere Uhr.

Damit die Jahreszeitenanpassung funktioniert, benötigen die
Pflanzen aber noch eine zweite Information. Sie müssen eine
Vorstellung davon haben, bei welcher Tageslänge sie was tun.
Etwa blühen. Sich verzweigen. Oder Knollen bilden. Und so
eine Vorstellung haben viele Pflanzen in der Tat.

Der Tabak, die Chrysantheme und die Spitzklette etwa blühen nur, wenn sie zuvor «kurzen Tagen» ausgesetzt waren.
Das heißt: Die Tageslänge muss einen bestimmten Wert
unterschreiten. Welcher Wert das ist, hängt von der Art und
Unterart der betrachteten Pflanze ab. Die Spitzklette blüht
zum Beispiel, wenn die Tageslänge unter fünfzehneinhalb
Stunden liegt. Andere Pflanzen beginnen erst unter Langtags-
bedingungen zu blühen. Bei ihnen muss die Tageslänge einen
bestimmten Wert überschreiten. Zu den Langtagspflanzen
gehören Schwarzes Bilsenkraut, Pfefferminze, Hafer, Weizen
und Salat.

Es gibt auch Gewächse, die erst lange, dann kurze Tage brauchen oder umgekehrt. Wieder anderen ist die Tageslänge egal.
Sie blühen, wann immer das Wetter es zulässt. Ein Beispiel
für solche tagneutralen Pflanzen ist unser Gänseblümchen.
Unter natürlichen Bedingungen ist das alles schön und gut.

Die innere Steuerung der Pflanzen passt zu den Lichtverhält-
nissen. Doch zuweilen kann die Tatsache, dass Pflanzen Uhren besitzen, Menschen zur Verzweiflung bringen. So haben
Landwirte und Gärtner, die Pflanzen von jeher in andere
Länder versetzen, dabei immer wieder die bittere Erfahrung
gemacht, dass nicht nur das Klima, sondern auch die Tageslänge stimmen muss, damit ihre Schützlinge gedeihen.

12. Gemeinsam sind sie stark

Symbiosen

Rotangpalmen sind robuste Gewächse. Doch wie alle Palmen haben sie eine verwundbare Stelle: ihre einzige Blattknospe. Die sitzt an der Spitze des zweiglosen, kletternden Stammes und muss unbedingt unversehrt bleiben, denn von ihr aus wächst die Palme. Wenn die Blattknospe zerstört wird, stirbt die ganze Pflanze, wie groß und kräftig sie auch sein mag.

Nun ist die Blattknospe zart und saftig, wie jedes andere schnell wachsende Gewebe auch. Viele Tiere würden sie zu ihrer Lieblingsspeise machen, wären da nicht die sehr spitzen Stacheln. Und wäre da nicht dieses Unheil verheißende Zischen.

In der Tat: Manche Rotangpalmen zischen, wenn sich ihnen jemand nähert. Kurz danach verwandelt sich dieser Laut in ein unheimliches Klopfen – und aus einem Loch irgendeiner der trockenen braunen Spelzen unterhalb der Blattstiele krabbeln winzige schwarze Ameisen. Es scheint, als seien sie wütend. Jedenfalls schlagen sie mit den Köpfen gegen ihre Behausung. Das Geräusch alarmiert Ameisen, die in benachbarten Spelzen Unterschlupf gefunden haben. Bald raschelt und zischt die Palme auf einer Länge von mehreren Metern. Guten Appetit? Sicher nicht. Beim Anblick des schwarzen angriffslustigen Heeres krabbeln oder fliegen fressgierige Insekten weg. Die Rotangpalme bleibt unbehelligt, ihre kostbare Knospe unverletzt. Dass die Ameisen sich Blattlausherden halten, die mit ihren Stechrüsseln Palmensaft saugen, ist für die Palme das kleinere Übel.

Das Ganze ist eine Art Ringtausch, von dem alle Partner etwas haben: Die Palme lässt zu, dass die Blattläuse an ihr saugen. Sie bildet also wenig oder keine Abwehrsubstanzen. Die Blattläuse scheiden am Hinterleib Honigtau aus. Den fressen die Ameisen gern. Sie schützen die Palme. Die füttert ihre Blattläuse. Die scheiden Honigtau aus. Und so weiter. Die meisten Gewächse zischeln und zwicken nicht, wenn wir näher kommen. Doch fast alle, zumindest fast alle Landpflanzen, ähneln in einem Punkt den ameisenbewehrten Rotangpalmen: Sie leben in Symbiose mit anderen Partnern. Das griechische Wort Symbiose bedeutet «Zusammenleben», und die Biologen verwenden es immer dann, wenn sich verschiedene Arten von Lebewesen zu beiderseitigem Nutzen zusammentun. Bei uns Menschen sagt man in solchen Fällen: Eine Hand wäscht die andere.

Viele Pflanzen kooperieren mit Tieren. Normalerweise lassen sie sich aber nicht von ihnen verteidigen wie die Rotangpalme, sondern benutzen die Tiere zum Blütenstaubtransport.* Sehr häufig sind auch Gemeinschaften zwischen Pflanze und Pilz, seltener solche zwischen Pflanzen und Bakterien.

Besonders tierfreundlich, oder besser gesagt: ameisenfreundlich, ist die Gattung der Akazien. Viele ihrer Arten haben hohle Dornen, die sich gut als Insektenunterschlupf eignen. Man muss sie nur anbohren. Und eben das tun manche Ameisenarten. Sie legen ihr Nest zum Beispiel in den Dornen der südamerikanischen Kugelkopfakazie an und krabbeln ihr Leben lang auf deren Zweigen herum.

Die betroffene Akazie scheint das nicht zu stören, im Gegenteil. Sie beköstigt die braunen Sechsbeiner mit Nektar und «Ameisenbrötchen», als hätten sie ein Hotel mit Vollpension gebucht. Den Nektar produziert die Akazie in speziellen Drüsen an den Blattstängeln, die das ganze Jahr über aktiv sind. Und die «Ameisenbrötchen» sind fett- und eiweißreiche Körperchen, die an den Blattspitzen sitzen und den Bedürfnissen der Ameisen so genau angepasst sind, dass sie direkt an die wählerischen Ameisenlarven verfüttert werden können.

Als Gegenleistung für das Futter schützen und pflegen die Ameisen ihr «Hotel Akazie». Sie entfernen Pilzsporen, die der Wind heranträgt. So bewahren sie ihren Wirtsbaum vor In-

* Mehr darüber steht in Kapitel 13.

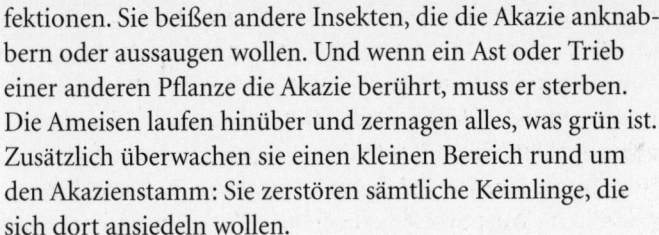

fektionen. Sie beißen andere Insekten, die die Akazie anknabbern oder aussaugen wollen. Und wenn ein Ast oder Trieb einer anderen Pflanze die Akazie berührt, muss er sterben. Die Ameisen laufen hinüber und zernagen alles, was grün ist. Zusätzlich überwachen sie einen kleinen Bereich rund um den Akazienstamm: Sie zerstören sämtliche Keimlinge, die sich dort ansiedeln wollen.

Forscher haben ausprobiert, was passiert, wenn man die Ameisen entfernt. Dann beginnen die Akazien zu kränkeln. Manche gehen sogar ein. Sie sind anscheinend ganz darauf eingestellt, sich rundum beschützen zu lassen – und deshalb gar nicht in der Lage, mit den Nachbarn um Licht und Platz zu kämpfen. Ob so viel Abhängigkeit sinnvoll ist? Anscheinend ja. Denn sonst wären die von Ameisen bewohnten Akazien ja längst ausgestorben.

Ein anderes Beispiel solcher Unselbständigkeit, die große Vorteile bringt, kennen manche von uns aus dem Urlaub oder zumindest aus dem Fernsehen: die Korallenstöcke. Wer sie zu Gesicht bekommt, ist erst einmal fasziniert von ihrer Schönheit. Später, wenn er wieder nachdenken kann, fragt er sich vielleicht: Besteht die bunte unterseeische Berg- und Höhlenwelt eines Korallenriffs nun aus Pflanzen? Oder aus Tieren?

Beides ist richtig. Doch anders als bei der Gemeinschaft aus Akazien und Ameisen sind hier die Tiere die größeren Partner: Ein Korallenstock besteht aus vielen kleinen Korallenpolypen. Das sind miteinander verbundene durchscheinende Quallenwesen, die in selbst gebildeten Kalkhöhlen angewachsen sind. Jedes sitzt in einem eigenen kleinen Kelch. Mit seinen Armen fängt es winzige Krebschen und andere Kleinsttiere aus dem Wasser, frisst und verdaut sie.

In den Köpfchen dieser Korallen schwimmen winzige bräunlich grüne Algen. Wissenschaftler zählen sie zur Klasse der Dinoflagellaten. Im Kalkskelett leben außerdem Grünalgen. Die Polypen scheinen beim Bau ihrer Korallenstöcke darauf

zu achten, dass es ihren Untermietern an nichts mangelt: Sie
streben der Sonne zu und legen ihre Kelche so an, dass die
Algen genügend Licht bekommen. Das ist auch der Grund
dafür, dass viele Korallenstöcke so pflanzenähnlich aussehen.
Die in den Riffen eingeschlossenen Algen könnten auch
unabhängig leben. Doch dazu brauchen sie – wie alle Pflanzen – Mineralien wie Nitrat und Phosphat. In den extrem
nährstoffarmen Korallengewässern würden sie eingehen,
wären sie auf sich gestellt. Nur mit Hilfe der Polypen können
sie gedeihen: Die Tiere versorgen sie mit Mineralien, die sie
aus ihrem Futter gewinnen. Sie düngen also ihre Pflanzen,
ganz wie unsere Gärtner und Landwirte.

Im Tausch für die Nährsalze holen sich die Polypen Zucker,
den die Algen durch Photosynthese hergestellt haben. Dabei
gehen sie ziemlich rabiat vor: Sie scheiden einfach einen
Verdauungssaft aus, der die Zellwand der Algen zuckerdurch-
lässig macht. Auf diese Weise gewinnen sie mehr als achtzig
Prozent des Zuckers, den die Algen produzieren. Sie räubern
ihre Gäste regelrecht aus.

Noch andere Tiere bilden Symbiosen mit Algen, etwa Mör-
dermuscheln, bestimmte Quallenarten oder Meeresnackt-
schnecken. Die Algen müssen jedoch meistens damit rechnen, irgendwann verdaut zu werden – und würden, könnten
sie denken, sicher von einem friedlicheren Partner träumen.
Von einer großen Meeresschildkröte etwa, auf deren Panzer
ein Algenwäldchen wächst. Die Schildkröte hat nichts von
ihrem grünen Pelz, kann ihn noch nicht einmal abweiden. Sie
bietet ihren Algen ein Grundstück zum Siedeln – und mehr
passiert nicht.

Traumpartner Pilz

Es gibt also keine Symbiose zwischen der Meeresschildkröte
und ihren Algen. Das Gleiche gilt für tropische Bäume, die

über und über mit Orchideen, Ananasgewächsen und Farnen besetzt sind. Auch Efeu, Moose, Algen oder Flechten, die in unseren Breiten Baumrinden überziehen, fügen ihren Bäumen keinen Schaden zu, nützen ihnen aber auch nicht. Die Flechten sind allerdings selbst symbiontische Lebewesen. Sie entstehen, wenn bestimmte Pilze und einzellige Algen zusammentreffen. Dann umhüllt der fädige Organismus den grünen, kugeligen. Die beiden beginnen, Stoffe auszutauschen. Es entsteht ein Wesen mit eigenem Stoffwechsel und völlig neuer Gestalt: etwa eine grelloranger Puder, ein flaches silbergraues Deckchen oder ein langer hellgrüner Bart. Die neue Daseinsform ist sehr viel widerstandsfähiger als Pilz und Alge allein. Flechten sind Pioniere: Sie wachsen dort, wo andere Lebewesen nicht existieren können, auf kargem Untergrund, in extremer Trockenheit und Temperatur. Sie besiedeln Wüsten, Fünftausender im Himalaya oder unwirtliche Felsen kurz vor dem Südpol – alles Orte, wo die beteiligten Algen und Pilze allein nicht lange überleben würden. Die meisten Pilz-Pflanzen-Gemeinschaften sind allerdings nicht so auffällig wie die Flechten. Sie existieren im Verborgenen, unter der Erdoberfläche. Trifft dort ein geeigneter Bodenpilz auf eine Wurzel, dann wachsen seine Fäden auf sie zu. Sie bilden einen Mantel, der die Wurzel vollkommen umhüllt und sich zwischen die Zellen der Wurzelrinde zwängt. Manche Pilzarten dringen sogar ins Innere der Wurzelrindenzellen ein.

Gäbe es diesen Vorgang nicht, dann würden viele Gewächse kümmern. Manche gingen sogar ein. «Mykorrhiza» nannten Forscher diese Art der Pilz-Pflanzen-Symbiose, als sie sie gegen Ende des 19. Jahrhunderts entdeckten. Das Wort bedeutet einfach «Pilzwurzel».*

Nachdem er die Wurzel umhüllt oder ihre Zellen angebohrt hat, benimmt sich der Pilz, als gehöre er zum Wurzelgeflecht seiner Partnerpflanze. Er bildet ein Fadennetz, das wie eine Art unterirdischer Pizza-Service funktioniert: Die Fäden

---

* Eine große Sammlung wissenschaftlicher Fotos zu diesem Thema findet sich unter: mycorrhiza.ag.utk.edu/mimag.htm (englisch)

nehmen Mineralien, zum Beispiel Phosphat und Nitrat, auf und transportieren sie bis in die eigentlichen Wurzeln. Zusätzlich macht ein symbiontischer Pilz seine Partnerpflanze stark. Er erhöht ihre Widerstandskraft gegenüber Wassermangel, Wurzelkrankheiten und Schwermetallen. Wie er das fertig bringt, ist noch nicht genau geklärt.

Wer ein wenig über Pilze weiß, kann ermessen, wie nützlich die pilzlichen Mineralien-Lieferanten für eine Pflanze sein können. Bodenpilzgeflechte können nämlich sehr groß werden. Ein – allerdings extremes – Beispiel ist ein Armillaria-Geflecht, das kürzlich in der Gegend von Washington entdeckt worden ist: Dieser Pilz, ein Verwandter unseres Hallimaschs, hat anscheinend etwa 400 Hektar Waldboden untertunnelt. Das entspricht der Fläche von über 900 Fußballfeldern.

Im Austausch für die von ihm beschafften Mineralien bekommt der symbiontische Pilz Photosynthese-Produkte, meistens Traubenzucker. Außerdem versorgt seine grüne Partnerin ihn mit Wachstumsstimulatoren und Vitaminen. Damit ist seine Ernährung gesichert. Pilze betreiben nämlich keine Photosynthese, sondern gewinnen ihre Energie in den meisten Fällen wie wir: Sie verwerten Substanzen, die andere Lebewesen aufgebaut haben.

Botaniker haben nachgerechnet: Der Service für die Pilze kostet die Pflanzen normalerweise weit weniger Energie als der Aufbau eines geeigneten eigenen Wurzelhaarnetzes. Und wenn diese Rechnung nicht aufgeht, verzichten sie anscheinend manchmal auf die Zusammenarbeit.

Kräuter mit gut ausgeprägtem Wurzelhaarsystem zum Beispiel gehen keine Symbiose mit Pilzen ein, wenn sich viel Phosphat im Boden befindet. Sind reichlich Nährsalze vorhanden, können ihre eigenen Wurzeln die Saugarbeit nämlich problemlos allein verrichten. Auch die Pilze handeln egoistisch. Sobald die Nährstoffzufuhr stockt, beginnen sie, die von ihnen befallenen Wurzeln zu verdauen.

Aber das ist normalerweise nicht der Fall. Es gibt sogar eine Jahreszeit, in der die Mycorrhiza-Pilze des Waldes wie im Schlaraffenland leben: den Herbst. Dann brauchen die Bäume ihre Energie nicht mehr zum Wachsen. Zu dieser Zeit scheinen sie ihren Pilzen besonders viel Zucker abzugeben. Jedenfalls nutzen die Pilze normalerweise den Herbst, um Fruchtkörper zu bilden – jene oberirdischen Gebilde mit Hut also, die von Laien für die eigentlichen Pilze gehalten werden – und die eigentlich nur so etwas wie die berühmte Spitze des Eisbergs sind.

Dann schlendern wieder die Sammler durchs Unterholz. Viele von ihnen wissen, dass sie manche Pilzfruchtkörper nur unter bestimmten Bäumen finden: Der Goldröhrling steht unter Lärchen, der Birkenpilz sprießt im Birkenschatten, der Butterpilz wächst neben Kiefern und anderen Nadelbäumen, die Rotkappe hält es mit den Erlen, der Fliegenpilz mag Kiefern, Fichten, Birken und Lärchen. Diese Arten haben sich so sehr an ihre Symbiosepartner angepasst, dass sie mit anderen Pflanzen nicht mehr harmonieren.

Auch die meisten anderen Waldpilze sind unterirdisch mit Wurzeln verflochten. Sie sind nur weniger wählerisch, was den Baumwirt angeht. Doch ganz ohne Bäume fühlen sich viele von ihnen gar nicht wohl: Täublinge etwa, Wulstlinge, Röhrlinge und Milchlinge bilden ohne Baumwurzel gar keine Fruchtkörper. Deshalb können Pilzzüchter den Steinpilz – einen Röhrling – nicht in Kultur nehmen, und wir müssen uns im Supermarkt mit Champignons begnügen.

Wie wichtig umgekehrt die Erdpilze für die meisten Pflanzen sind, bekommen zum Beispiel Förster zu spüren. Sie wissen: Auf einigen scheinbar ganz normalen Flächen wollen viele Bäume einfach nicht wachsen. So ist es zum Beispiel sehr schwierig, Heide mit jungen Eichen oder Buchen aufzuforsten. Das Gleiche gilt auch für die nordamerikanische Prärie. Die «Baumfeindlichkeit» der Prärie hat mit der Abwesenheit baumliebender Bodenpilze zu tun: Sie fehlen überall dort, wo

seit sehr langer Zeit keine Bäume gewachsen sind. Wenn solches Grasland aufgeforstet werden soll, werden die Jungbäume am besten besonders präpariert: In den Baumschulen
«impft» man ihre Wurzeln mit den Sporen von passenden
Symbiose-Pilzen – dann gedeihen sie.
Die scheinbare Unfruchtbarkeit des Heidebodens dagegen
beruht auf einem Hemmstoff. Er wird von den Bodenpilzen
ausgeschieden, mit denen das Heidekraut zusammenlebt,
und stoppt das Wachstum fast aller anderen Pilzarten. Jungbäume, die in der Heide Fuß fassen wollen, suchen deshalb
dort vergeblich nach ihren bevorzugten Pilzen. Eine Ausnahme bilden die Birken. Sie harmonieren anscheinend besonders gut mit den unterirdischen Fäden des Fliegenpilzes, dem
der Hemmstoff der Heidekrautpilze nichts ausmacht.

Unterirdische Stickstofffänger

Durch eine andere wichtige Symbiose haben einige Gewächse
ein uraltes Pflanzenproblem gelöst: das ihrer Stickstoffversorgung. Es mutet absurd an, dass viele Pflanzen nach diesem
Mineral hungern müssen, dass sie viel größer werden, reicher
blühen und mehr Früchte tragen könnten – hätten sie nur
genügend Stickstoff. Denn sie sind ja von Stickstoff umgeben:
Unsere Luft enthält siebenundsiebzig Prozent.
Doch dieser gasförmige Stickstoff nützt den Pflanzen genauso wenig wie Eisennägel einem blutarmen Menschen. Er hat
nicht die geeignete chemische Form. Blutarme brauchen statt
Nägeln bestimmte Eisensalze. Die sind in Fleisch, Gemüse
oder Vollkornprodukten enthalten. Und Pflanzen wachsen
nicht mit Hilfe von Stickstoffgas, sondern wenn sie im
Bodenwasser gelöste Stickstoffsalze aufnehmen können.
(Oder weil sie – wie der Sonnentau oder die auf dem Titelbild gezeigte Venusfliegenfalle – stickstoffhaltiges tierisches
Eiweiß nutzen, indem sie Insekten anlocken, fangen und
verdauen. Aber das ist die Ausnahme.)

Um ihre Stickstoffversorgung zu verbessern, haben nun manche Pflanzen Bakterien aufgenommen – unterirdische Mieter, die mehr können als ihre grünen Partner: Die winzigen Organismen leben in Wurzelknöllchen, die die Pflanze eigens für sie wachsen lässt. Aus Luft, die in den Erdboden eindringt, gewinnen sie stickstoffhaltige Aminosäuren, mit denen sie die Pflanzen beliefern. Als Gegenleistung bekommen sie Zucker. Ein zum Teil von der Pflanze, zum Teil vom Bakterium hergestelltes Eiweiß schützt die Bakterien vor Luftsauerstoff. Den schätzen sie nämlich gar nicht.

Welche Gewächse zu diesem Geniestreich in der Lage sind? Vor allem die Schmetterlingsblütler. Sie heißen auch Hülsenfrüchtler: Erbsen, Bohnen, Sojabohnen, Erdnüsse, Luzerne und Klee gehören dazu. Sind ihre Bakterien in der Nähe, dann gedeihen sie auch auf dem ausgelaugtesten Gemüsebeet, auf dem magersten Feld. Und weil sie überschüssigen Stickstoff in den Boden abgeben, hinterlassen sie ihn fruchtbarer als zuvor.

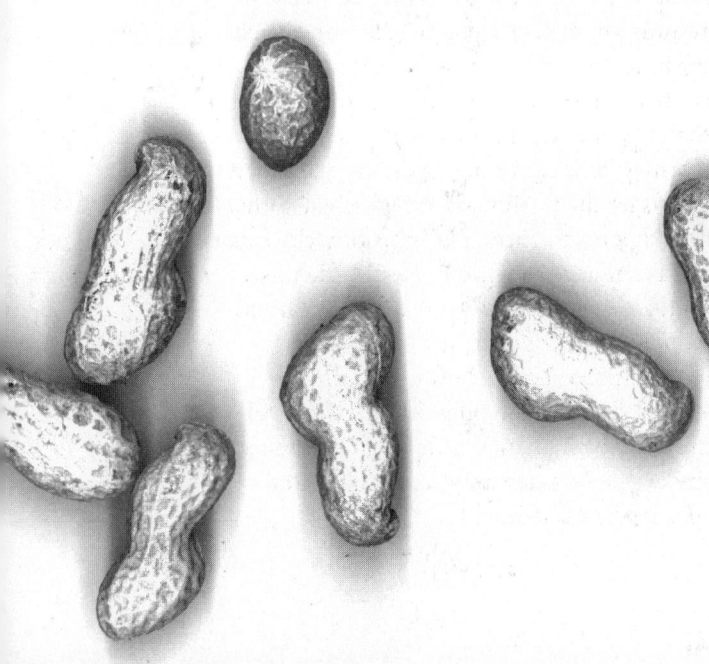
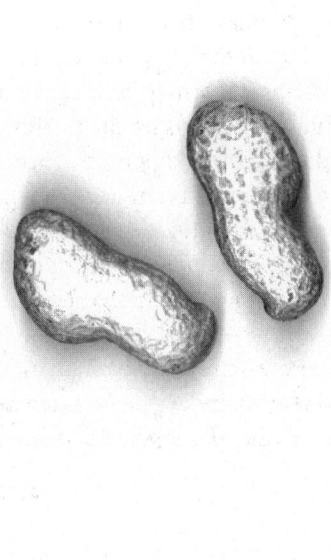

13. Dufte Werbung

Was die Blüten mit Sexualität zu tun haben

Acht, neun, zehn Männer in demselben Bett mit einer Frau? Professor Siegenbeck war empört. So etwas sollte er der akademischen Jugend Petersburgs darlegen? Eine unglaubliche Idee. Er war doch Botaniker! Und hatte anscheinend bisher gedacht, sein Fach sei keusch wie die lilienbekränzte Jungfrau Maria. «Wer möchte glauben, dass von Gott solche verabscheuungswürdige Unzucht im Reich der Pflanzen eingerichtet worden ist?», schrieb er im Jahr 1737.

Was war geschehen? Eigentlich nichts Schlimmes: Der schwedische Botaniker Carl von Linné hatte versucht, das Reich der bedecktsamigen Pflanzen zu ordnen. Die einfachste Möglichkeit, das hatte er ganz richtig erkannt, war es, dazu die Blüten zu betrachten. Sie ähneln sich oft, wenn zwei Pflanzen verwandt sind. Nicht unbedingt in Farbe und Größe, aber in der Stellung ihrer wichtigsten Teile zueinander.

Ärgerlich für Moralapostel: Blüten sind Sexualorgane. Da gibt es einmal den oder die zentral gelegenen Stempel. Die strecken ihre klebrigen Narben hoch – Kügelchen oder Wülste, die den Pollen aufnehmen. Schlanke Griffel verbinden die Narben mit den tiefer gelegenen Fruchtknoten. Dort sind die Samenanlagen verborgen und warten darauf, sich vom Pollen befruchten zu lassen. Dann verwandeln sie sich in Embryos, die zu neuen Pflanzen heranwachsen können. Stempel sind also weiblich. Für Linné waren sie die Frauen im Reich der Pflanzen.

Rund um den Stempel scharen sich die Staubblätter. Ihre Köpfchen sitzen auf Stielen, und sie tragen den Blütenstaub. Er besteht aus einer Unzahl kleiner Pollenkörner, die die Samenanlagen befruchten können. Es war also nahe liegend, dass Linné den Pollen wie menschliches Sperma ansah und die Staubbeutel als männliche Geschlechtsteile. Deshalb hatte

der Tübinger Professor Rudolf Jacob Camerarius schon 1694
verlangt, ihnen «einen edleren Namen zu geben».

Linné war bewusst, dass er mit seinen Vergleichen etwas
vermischte, das die meisten seiner Zeitgenossen lieber getrennt gesehen hätten. «Wir betrachten die Genitalien der
Pflanzen mit Entzücken», schrieb er, «die der Tiere mit
Abscheu und unsere eigenen mit seltsamen Gedanken.»
Trotzdem – oder gerade deswegen? – beschrieb er die Blüte
als Bett. Die in ihr wachsenden Stempel-Frauen und Staub-
blätter-Männer stellte er sich als Kind seiner sittenstrengen
Zeit verheiratet vor.

Nun gab es in den Blüten oft überzählige «Männer» oder
«Frauen» – und damit Stoff für unzüchtige Phantasien. «...
diese ewigen Hochzeiten, die man nicht los wird, wobei die
Monogamie ... ganz in vage Lüsternheit sich auflöst», seufzte
noch mehr als achtzig Jahre später Johann Wolfgang von
Goethe und fürchtete, dass das sittliche Gefühl «unschuldiger
Seelen» beleidigt werde, wenn sie bestimmte botanische
Lehrbücher in die Hand nähmen. (Damals war noch nicht
bekannt, dass Blütenpflanzen sich normalerweise nicht selbst
befruchten. Der Pollen muss also meist zu einer fremden
Blüte gelangen, um ein neues Samenkorn zu zeugen. Aber das
hätte die Sache ja noch mehr kompliziert.)

Linnés Darstellung der pflanzlichen Sexualität erregte seine
Zeitgenossen. Liberale Geister wie der Bischof der finnischen
Stadt Turku verteidigten den Gelehrten; viele gebildete Menschen wünschten ihn und sein «Sexualsystem» dagegen zum
Teufel. Doch das System erwies sich als praktisch. Obwohl
Linné es später durch eine neue Einteilung ersetzt hat, wird
es heute noch in Bestimmungsbüchern verwendet. Allerdings
zählt man dort Stempel und Staubblätter und keineswegs
lüsterne Paare.

Aaskäfer, Schmeißfliegen und Schmetterlinge

Linné war ein guter Beobachter. Natürlich bemerkte er, dass Insekten auf Blüten fliegen. Doch er übersah, was sie wirklich tun. Dass ihre Gier, ihr Herumgekrabbele, ihr Hineinzwängen der Pflanze helfen, wurde ihm nicht klar. Heute wissen wir: Viele Bienen, Schmetterlinge und andere Insekten leben in Symbiose mit Pflanzen.*

Die Pflanzen hängen ihnen Blütenstaub an, den die Tiere dann mehr oder weniger zufällig zu einer anderen Pflanze der gleichen Art transportieren. Dafür bekommen sie den köstlichen Nektar oder einen Teil des Pollens.

Nektar und Pollen sind aber nicht die einzigen Mittel, mit denen die Pflanzen ihre tierischen Bestäuber anlocken. Sie kennen so viele und raffinierte Strategien, dass sich ein eigener botanischer Forschungszweig – die Blütenökologie – seit über zweieinhalb Jahrhunderten nur mit der Frage beschäftigt, wie denn nun der Pollen auf die Narbe gelangt.

«Richtige» Blüten mit Blütenblättern, Stempel und Staubblättern kommen übrigens nur bei den Samenpflanzen vor.**
Die primitiver aufgebauten Sexualorgane von Farnen, Moosen und Algen interessieren die Blütenökologen nicht. Trotzdem bleibt ihnen genug zu erforschen. Schließlich gibt es Hunderttausende unterschiedlicher Blüten mit den verschiedensten Düften und in allen möglichen Farben, Formen und Größen.***

Am kleinsten blühen zwei Arten der Gattung Wolffia, eine asiatische und eine australische. Sie sind mit unserer Wasserlinse oder Entengrütze verwandt. Beide Minipflanzen sehen aus wie ein winziger grüner Ball mit einer flachen Oberseite. Sie wiegen ungefähr so viel wie zwei Salzkörner und messen etwa 0,6 mal 0,3 Millimeter. Was bedeutet, dass sie ohne weiteres durch ein Nadelöhr passen. Ihre Miniaturblüten bestehen nur aus einem Stempel und einem einzigen Staubblatt. Die größte bekannte Einzelblüte besitzt Rafflesia arnoldii, die

---

* siehe Kapitel 12
** siehe Kapitel 14
*** Täglich neue Blüten: www.onlinekunst.de/computergarten.htm

auf Borneo und Sumatra heimische Riesenblume. Rafflesia
ist ein Parasit. Sie betreibt also selbst keine Photosynthese,
sondern schmarotzt an anderen Pflanzen. Genauer gesagt
versteckt sie sich im Gewebe einer urwaldbewohnenden Kletterpflanze. Daher kann man die Riesenblume normalerweise
nicht sehen.

Doch zuweilen entsteht dort, wo die Kletterpflanze weit her-
abhängt und den Dschungelboden berührt, ein Buckel auf
ihrer Rinde. Er schwillt wochenlang und bricht schließlich
auf. Dann liegt in einer Schale aus Kletterpflanzenholz so
etwas wie ein kleiner Kohlkopf. Das ist die Knospe, die Rafflesia, das verborgene, nur aus Zellfäden bestehende Wesen,
hervorgebracht hat.*

Im Laufe mehrerer Tage schwillt die Knospe auf Kohlkopf-
größe an, um dann eines Nachts ihre fünf gewaltigen lederar-
tigen Blütenblätter zu entfalten. Bis zu 90 Zentimeter kann
der Durchmesser einer solchen Blüte betragen. Irgendjemand
will sogar einmal ein Exemplar entdeckt haben, das es auf
einen Meter und sieben Zentimeter gebracht hat.
Die Blüte riecht pilzig und fischig. Sie ist gefärbt und gemus-
tert, wie Fliegen es lieben: orangebraun mit helleren Flecken.
Folglich zieht sie einen Brummer nach dem anderen an. Im
Blüteninnern krabbeln die Fliegen unter den Staubgefäßen
herum und bekommen klebrigen Pollen angeheftet – jedenfalls wenn es sich um eine männliche Blüte handelt. Irgendwann starten sie wieder und steuern vielleicht eine weibliche
Rafflesia an, die sich in der Zwischenzeit woanders geöffnet
hat.
Nicht, um uns Menschen zu erfreuen, gibt es Blüten in so
vielen verschiedenen Größen, Farben, Formen und mit so
unterschiedlichen Düften. Die Pflanzen wollen damit ihre
tierischen Bestäuber betören. Nur unauffällige, freistehende
oder -hängende Blütchen wie die von Haselnusssträuchern,
Birken oder Gräsern verlassen sich auf den Wind.

---

* kurzweiliger bebilderter Essay über parasitische Pflanzen unter:
daphne.palomar.edu/wayne/plnov99.htm (englisch)

Die für uns eher unangenehm riechende, orangebraun gefleckte Rafflesia-Blüte entspricht dem Geschmack der Fliegen. Auch Lila oder Grün kommt gut bei ihnen an. Manchmal hat es eine solche Blüte aber auch auf Käfer abgesehen. Die erkennen Farben zwar schlecht, bevorzugen aber trotzdem dunkle, cremefarbene und grünliche Töne. Wenn die Blüte gräulich stinkt, will sie vielleicht Aas- oder Dungkäfer anlocken. Ohne Naturbeobachtung ist die Frage nach den Bestäubern normalerweise nicht eindeutig zu lösen. Wer seine Nase jedoch einmal einem blühenden Wiesenbärenklau genähert hat, einer Stinkenden Nieswurz oder einem Gefleckten Aronstab, der weiß zumindest eines sicher: So etwas ist nichts für Bienen. Die teilen nämlich, was Blumendüfte angeht, unsere Vorlieben.

Ob sie es genauso abstoßend finden wie wir, dass der Aronstab seinen Fäkalgestank mit voller Absicht weit verbreitet? Wenn er blüht, heizt er nämlich unter großem Energieaufwand seinen Blütenkolben auf 30 Grad hoch, gerade als wäre er ein warmblütiges Tier. In der Wärme verflüchtigen sich die Stickstoffverbindungen, die sein Aroma ausmachen, besonders gut und ziehen Schmeißfliegen an, die auf verrottetes Fleisch aus sind.

Vermutlich schätzen einige Schmetterlinge ähnliche Gerüche. Experten berichten jedenfalls, dass bestimmte Arten sich außer auf Blüten gern auf Schweißfüßen niederlassen und andere regelmäßig an verwesenden Krokodilen saugen. Diese auf den ersten Blick merkwürdigen Vorlieben lassen sich damit erklären, dass strenger Geruch auf stickstoffhaltige Substanzen hinweist – und eben daran mangelt es den Schmetterlingen. Sie besitzen nämlich nur einen Saugrüssel und keinen Mund und ernähren sich notgedrungen fast ausschließlich von extrem stickstoffarmem Nektar.

Den Farbgeschmack von Schmetterlingen, jedenfalls den der Tagfalter, teilen dagegen sicher viele Menschen. Besonders

Kinder. Die Insekten lieben nämlich leuchtende Farben, inklusive Rot und Purpur. Nachtfalter mögen Weiß, Blassrosa – und wieder Rot. Bienen dagegen, die ja ebenfalls fleißige Pollentransporteure sind, sehen langwelliges rotes Licht nur schlecht. Intensives Gelb und sattes Blau sind ihre liebsten Farben. Danach schätzen sie Weiß.

In manchen Gegenden prägen diese Vorlieben das Landschaftsbild. Im Norden Kaliforniens etwa blühen die Kräuter des offenen Landes fast durchweg gelb – die Prärie ist Bienenland. Geht man von dort in einen nahe gelegenen Wald aus Mammutbäumen, dann ändert sich das Bild. Hier herrschen weiße und blassrosa Blüten vor, die von Nachtschmetterlingen bestäubt werden.

Insekten sind wichtige Bestäuber, in kalten und gemäßigten Gegenden sogar die wichtigsten. In tropischen oder subtropischen Regionen hat sich jedoch noch eine große Zahl anderer Tiere auf den Tauschhandel «Nektar gegen Transportdienste» eingelassen. Besonders Vögel, etwa Honigfresser oder Kolibris, scheinen geeignete Bestäuber zu sein. Sie lieben robuste, geruchlose, leuchtend rote Blüten wie zum Beispiel den Hibiskus. Andere Bestäuber sind Halbaffen, Mäuse, Reptilien, Beuteltiere wie etwa der Australische Zwerggleitbeutler, Flughunde und Fledermäuse.

Blüten sind also etwas wie Wirtshäuser mit Leuchtreklameschildern. Sie locken bestimmte Zielgruppen an und wollen ihnen Nektar verkaufen – bezahlen sollen die Kunden mit Pollentransport. Als argloser Betrachter, als unbedachte Betrachterin übersieht man leicht den Ernst, der hinter dieser farbenprächtigen Inszenierung steckt.

Betrachten wir etwa die intensiv blaue, von Bienen bestäubte Ritterspornart Delphinium nelsonii. Sie leuchtet weithin vor dem grünen Hintergrund der Blätter. Aber was geschieht, wenn zufällig eine weiße Mutante entsteht? Wir Menschen finden sie vielleicht genauso schön, aber die Bienen können sie weniger gut orten. Deshalb kann sie im Wettbewerb um

die Bestäuber nicht mithalten und setzt kaum Samen an. Wie eine neues Restaurant, dessen Werbung die Wirkung verfehlt, verschwindet der weiße Rittersporn wieder von der Bildfläche.

Durch ihre Grundfarbe lockt die Blüte also von fern. Kommt ein Insekt dann näher, leuchten ihm oft noch kleinere Muster entgegen: Das Innere des Fingerhuts ist zum Beispiel mit Reihen aus dunklen Punkten und Flecken geschmückt. Ein Fächer aus dünnen schwarzen Linien ziert das Veilchen, und auf der Unterlippe mancher blauer Schwertlilien prangt ein dicker gelber Strich.

Diese Muster heißen Saftmale. Sie sind keine zufällig entstandenen Spielereien der Natur. Mit ihnen zeigt die Blüte ihren sechsbeinigen Kunden den besten Landeplatz und weist ihnen den Weg zum Nektar – ganz wie eine Geschäftsfrau, die die Eingangstür ihres Ladens besonders kennzeichnet und drinnen Hinweisschilder auf ihre Angebote aufstellt. Als die Botaniker genau hinschauten, entdeckten sie sogar Saftmale, die für uns unsichtbar sind. Sie reflektieren ultraviolettes Licht, das von vielen Insekten als eigene Farbe wahrgenommen wird.

Selbst eine umstrittene Spielart unserer Werbung ist den Pflanzen nicht fremd. Wie Autokonzerne und Telefongesellschaften versuchen manche Blüten, ihre «Kunden» mit Erotik zu betören. Besonders Orchideen haben solche Anlockungsmethoden entwickelt, zum Beispiel Fliegenragwurz, Spinnenragwurz, Hummelragwurz und Bienenragwurz. Die Blüten dieser bei uns heimischen Arten sehen bestimmten Insektenweibchen zum Verwechseln ähnlich. Anscheinend sind sie sogar ähnlich wie diese parfümiert. Die Spinnenragwurz etwa lockt – anders als ihr Name vermuten ließe – männliche Sandbienen an. Wenn ein Bienenmännchen versucht, das vermeintliche Weibchen zu begatten, wird es mit Pollen beladen. Mit dem bestäubt es dann die nächste Ragwurzblüte, die es irrtümlich anfliegt. Dieser Schwindel

funktioniert perfekt. Die Orchideen haben es noch nicht
einmal nötig, ihren Bestäubern Nektar anzubieten.

Vom Sinn des grünen Sex

Wozu aber dient der ganze Aufwand? Warum gibt es in den
Blüten zwei Geschlechter? Warum schicken Pflanzen ihren
Pollen ins Ungewisse? Und warum warten sie auf fremden
Blütenstaub? Könnten sie sich nicht einfach immer selbst
bestäuben statt nur in Ausnahmefällen? Oder Ableger bilden
statt Samenkörner? Dann bräuchten sie nur ein Geschlecht
und könnten auf Blüten verzichten.

In der Natur geschieht nichts ohne Grund. Wir Menschen
gehen schließlich auch als geschlechtliche Wesen, als Frauen
und Männer, durchs Leben. Gibt es da etwa einen Zusammenhang? Leben die Pflanzen ihre Sexualität womöglich aus
dem gleichen tieferen Grund aus wie wir?

So ist es. Für Pflanzen, Tiere und Menschen gilt: Wenn zwei
Individuen sich vereinigen und ein neues entstehen lassen,
dann geschieht dabei etwas Wichtiges mit ihrem Erbmaterial.
Es wird durchmischt. Die Gene des Nachkommen stammen
zum Teil von der Mutter, zum Teil vom Vater. Ein ganz neues
Wesen mit einer völlig neuen Zusammensetzung von Eigen-
schaften ist entstanden. Vielleicht passt es besser in die Welt
als seine Eltern. Denn die Welt wandelt sich schließlich auch.
Zum Beispiel kann sich das Klima ändern. Neue Konkurren-
ten können auftauchen. Oder veränderte Krankheitserreger.
Sexualität sichert also die genetische Anpassungsfähigkeit der
Pflanzen – und damit ihr Überleben.

Der Berliner Aktionskünstler Ben Wargin hat die Sexualität
der Pflanzen kürzlich auf seine Art gefeiert. Er führte einer
Ginkgo-Dame, die einsam im Hof der Humboldt-Universität
steht, in einem feierlichen Akt einen Partner zu. Genauer gesagt: vier Zweige eines 90-jährigen Baum-Herrn, der in einer

berühmten Ginkgo-Allee in Tokio wächst. Die männlichen Zweige hatte Japans Botschafter persönlich überbracht. Sie wurden der Ginkgo-Frau aufgepfropft. Ihr Blütenstaub soll irgendwann die Samenanlagen des Berliner Ginkgos befruchten. Wargin sprach von einer Hochzeit, wie einst Linné. Nur hat sich heute keiner mehr darüber entrüstet.

14. Wie die Pflanzen die Erde eroberten

Evolution

Was wir vom Ginkgo hören, hat das Zeug zu einer modernen Legende: Als am 6. August 1945 die erste Atombombe über Hiroshima explodierte, starben Tausende Menschen. Mehr als 300 000 erlitten Verletzungen, Verbrennungen oder Spätschäden durch radioaktive Strahlung. Tiere und Pflanzen wurden vernichtet. Nichts wuchs mehr auf dem versengten Boden. Eine der wenigen Ausnahmen soll ein imposanter Ginkgo gewesen sein. Er hatte wie eine Strohpuppe gebrannt. Mit ungläubigem Staunen beobachtete man, wie er im nächsten Frühjahr einen neuen Spross hervorbrachte. Der Spross wurde sorgfältig gepflegt und ist heute ein schöner Baum. Was für eine Kraft in ihm stecken muss!

In der Tat sind Ginkgos etwas ganz Besonderes. Nur wenige Baumarten sind so weit in der Erdgeschichte verwurzelt wie sie. Schon vor 290 Millionen Jahren gab es Ginkgos, die den heutigen Exemplaren ähnelten. Um sie herum fand das statt, was wir heute Evolution nennen: Immer wenn ein Lebewesen zufällig ein bisschen besser an seine Umgebung angepasst war als seine Artgenossen, erzeugte es besonders viele Nachkommen. Die hatten wieder mehr Kinder als die anderen und so weiter. So setzte sich mit der Zeit die neue, besser angepasste Art zu sein und zu leben durch.

Während also fast alles Lebendige um sie herum sich in einem fort wandelte, überlebte unser Ginkgo Generation um Generation, wie er war. Ob das nun mit seiner großen Widerstandsfähigkeit gegen Radioaktivität und andere schädliche Einflüsse zusammenhängt oder purer Zufall ist, wissen wir nicht.

Weil Lebewesen, die so alt sind wie er, normalerweise nur versteinert vorkommen, nennt man den Ginkgo manchmal ein «lebendes Fossil».*

---

* mehr unter: www.palaeo.de/edu/lebfoss/gingko/index.html

Als die ersten Pflänzchen seiner Art keimten, existierten die Laubbäume mit ihren typischen Blättern, Blüten und Samen noch nicht. In den Wäldern standen Riesenfarne, große Bärlappgewächse und wahrscheinlich die ersten Nadelbäume.

Schon von weitem lässt sich erkennen, dass die Wuchsform eines Ginkgos am ehesten der einer Tanne oder Fichte ähnelt, obwohl er Blätter besitzt: Von einem relativ gerade aufragenden Hauptstamm zweigen vergleichsweise dünne Seitenäste ab. Und auch seine Blätter haben mit denen der Laubbäume nur entfernte Ähnlichkeit. Sie sind zweigeteilt und besitzen mehrere gleichberechtigte, sich gabelnde Adern. Wer will, kann sich leicht davon überzeugen. Denn weil Ginkgos der Luftverschmutzung widerstehen, sind sie heute beliebte Straßen- und Parkbäume.

Andere lebende Pflanzenfossilien sind der Urweltmammutbaum Metasequoia glyptostroboides und die araukarienartige Wollemia nobilis. Sie wurde erst 1994 in Australien gefunden. Den Urweltmammutbaum dagegen kennt man schon seit 1941. Wissenschaftler entdeckten ihn damals in der zentralchinesischen Provinz Hu-peh. Heute wird er gern in Gärten und Parks angepflanzt.

Man kann sich den Wandel, den uralte Arten wie diese drei überdauert haben, gar nicht drastisch genug vorstellen. Auf unserem Planeten gibt es heute etwa 250 000 Landpflanzen. Das sind weit mehr, als ein einzelner Mensch im Laufe seines Lebens kennen lernen kann. Doch diese Vielfalt ist nur eine Momentaufnahme, ein Bruchteil der Unmengen von Formen, die die grünen Lebewesen im Laufe ihrer Stammesgeschichte hervorgebracht haben.

Von Ursuppenwesen und Mattenbewohnern

Die Geschichte des Lebens – und damit auch der Pflanzen – begann weit vor den ersten Ginkgos und Mammutbäumen.

Damals, vor 3,5 oder 4 Milliarden Jahren, war die Erde eine halbe bis eine Milliarde Jahre jung. Ihre Kruste hatte sich abgekühlt und verfestigt. Schon zu dieser Zeit war sie ein Wasserplanet – mit Ozeanen, Flüssen, Seen, Gezeitentümpeln, Wasserlöchern, Pfützen und feuchten Gesteinsoberflächen.

Irgendwo dort im Nassen ist die berühmte Ursuppe zu suchen – jene mysteriöse Suspension, in der Blitze oder die Hitze unterseeischer Quellen große Moleküle entstehen ließen. So jedenfalls stellen sich das heute die meisten Expertinnen und Experten vor. Diese Moleküle gehorchten dem Zufall und den Naturgesetzen. Manche von ihnen schlossen sich zu winzigen Hohlkugeln zusammen. In jeder dieser Hohlkugeln liefen charakteristische chemische Reaktionen ab. Sie lebten nicht. Aber sie waren auf dem Weg, lebendig zu werden.

Einigen der Kugelmoleküle gelang ein weiterer Schritt in Richtung «Leben». Sie konnten neue Moleküle aus ihrer Umgebung aufnehmen und dadurch wachsen. Wurden sie zu groß, dann teilten sie sich. Um wirklich lebendig zu sein, fehlte ihnen nur noch eines: Sie mussten das Wissen über ihren Stoffwechsel (also über die für sie typischen chemischen Reaktionen) und über die Herstellung der dazu benötigten Moleküle in einer primitiven Form von Erbmaterial speichern. Wege, das zu tun, wurden damals wohl mehr als einmal erfunden. Schließlich war die ganze junge Erde eine gigantische chemische Versuchsküche.

So entstanden bakterienähnliche Wesen. Sie waren winzig, aber trotzdem haben sie uns Spuren hinterlassen: In den Pilbara-Goldfeldern in Westaustralien haben Wissenschaftler runde und fädige Mikrofossilien gefunden, die 3,5 Milliarden Jahre alt sind. Sie stecken in so genannten Stromatolithen. Das sind Steine, die aus vielen verschiedenen Schichten aufgebaut sind.

Was diese Stromatolithen vor Jahrmillionen einmal waren, lässt sich noch heute in sehr salzhaltigen Marschlandschaften

besichtigen. Dort gibt es mattenähnliche Gebilde, die aus ge-
schichteten Staub-, Sand- und Steinpartikeln bestehen. In
diesen Matten leben Bakterien mit geleeartigen Hüllen.
Immer wenn die Flut kommt, schwemmt sie neue Partikel-
chen an, die an den klebrigen Bakterienhüllen haften bleiben.
Die Mikroorganismen tolerieren das eine Zeit lang. Doch
irgendwann wird es ihnen zu viel. Dann wandern sie aus. Sie
begeben sich auf die Oberseite ihrer Matte. Zurück bleibt
eine neue Schicht.

Wahrscheinlich sind die australischen Stromatolithen von
sehr ähnlichen Lebewesen aufgeschichtet worden. Jedenfalls
gleichen die Mikrofossilien, die man in ihnen gefunden hat,
den heutigen Mattenbewohnern wie ein Ei dem anderen. Es
scheint also, als lebten die Nachkommen äußerst urtümlicher
Lebewesen noch wenig verändert unter uns – lebende Fossi-
lien der ganz kleinen Art, die von den Anfängen des Lebens
zeugen.

Falls diese Überlegungen stimmen, dann gab es in den Ur-
weltmatten, aus denen sich die Stromatolithen gebildet haben, wahrscheinlich schon das erste Grün. Denn die häufigs-
ten Bewohner der heutigen Matten sind blaugrüne Cyanobakterien.

Das sind nicht die weidenden, Abfall fressenden oder schma-
rotzenden Wesen, an die wir normalerweise denken, wenn
wir das Wort «Bakterien» hören. Eher ihr Gegenteil: Cyanobakterien, die man früher auch Blaualgen nannte, produzieren sich ihre Nahrung selbst. Denn sie beherrschen die
Photosynthese. Unsere Pflanzen haben diese Kunst wahrscheinlich von ihnen übernommen.

Heute leben auf der Erde noch etwa 2000 Arten dieser urtümlichen Lebewesen. Die meisten bilden gallertartige Massen oder feinfädige Überzüge in Gewässern und auf feuchten
Böden, Baumrinde und Felsen. Mehrere Gattungen können
zusammen mit bestimmten Pilzen Flechten bilden.*

---

* Wie das vor sich geht, ist kurz in Kapitel 12 beschrieben.

Das Pflanzengrün verursacht Katastrophen

Die Photosynthese war eine bahnbrechende Erfindung. Und wie so viele Neuheiten war sie Fluch und Segen zugleich. Man überlege nur: Die vielen bakterienartigen Lebewesen, die sich entwickelt hatten, waren hungrig. Sie ernährten sich von energiereichen Molekülen, die zum Beispiel unter dem Einfluss von Blitzschlägen entstanden. Je mehr sie fraßen, desto dünner wurde die Ursuppe, denn die Zahl der Blitzschläge und anderer nahrungsproduzierender Ereignisse nahm natürlich nicht zu, als das Leben entstand. Etliche der neuen Lebensformen dürften also gleich wieder verhungert sein.

Die Cyanobakterien dagegen lebten im Überfluss. Ihre Nahrung – Sonne, Wasser und Kohlendioxid – gab es in Mengen. Sie wuchsen, gediehen und breiteten sich aus. Manche der nimmersatten nichtgrünen Bakterien haben sich sicher schnell darauf eingestellt, Cyanobakterien zu verzehren. Die segensreiche Erfindung ihrer blaugrünen Nachbarn sorgte also dafür, dass sie sich halten und weiterentwickeln konnten. Aber einen Haken hatte die Sache: Die Cyanobakterien waren äußerst gefährlich. Nicht etwa deshalb, weil sie andere fraßen oder infizierten. Nein, die Cyanobakterien waren Umweltverschmutzer. Durch ihre Photosynthese setzten sie gasförmigen Sauerstoff frei. Und so einen Stoff hatte die Welt in diesen Mengen vorher nicht gekannt.

Jetzt verbreitete sich der Sauerstoff. Er sättigte das Seewasser, begann aus den Meeren auszugasen und sich in der Atmosphäre zu sammeln. Das geschah vor etwa zweieinhalb Milliarden Jahren. Für die meisten anderen Arten von Leben war diese Veränderung eine Katastrophe ersten Ranges. Denn Sauerstoffgas ist ein sehr aggressives Molekül. Es greift ungeschützte Organismen an. Nur wenige Bakterienarten überlebten. Einige konnten weiterexistieren, weil sie sich in luftgeschützte Lebensräume zurückzogen, etwa in nicht durchlüfteten

Schlamm. Andere lernten, sich vor dem Sauerstoff zu schützen. Später nutzten sie ihn sogar. Sie gingen dazu über, das neue Gas zum Atmen zu verwenden. Das heißt: Sie verbrannten ihre Nahrung mit Hilfe von Sauerstoff, wie es die meisten der heute existierenden Organismen tun. (Auch die Pflanzen veratmen Sauerstoff. Doch unterm Strich stellen sie in ihrem Leben mehr davon her, als sie verbrauchen.)

Damals standen sich also zum ersten Mal jene zwei grundverschiedenen Gruppen von Lebewesen gegenüber, die heute noch das Leben auf der Erde bestimmen: Sauerstoffverbraucher, die Kohlendioxid ausatmen. Und grüne Sauerstoffproduzenten, die das ausgeatmete Kohlendioxid der ersten Gruppe aufnehmen und zur Zuckerproduktion verwenden.

Die ersten Symbiosen

Erst eine halbe Milliarde Jahre später tat die Evolution den nächsten großen Schritt Richtung Pflanze. Die ersten – natürlich nach wie vor einzelligen – Organismen mit einem membranumhüllten Zellkern tauchten auf. Mitochondrien, wie sie den heutigen Algen, Pflanzen und Tieren als Kraftwerke dienen, besaßen sie nicht. Auch die Chloroplasten* fehlten noch. Wie schließlich Mitochondrien und Chloroplasten in die Zellen gekommen sind, wissen wir nicht genau. Es gibt aber eine Theorie, die diese Frage genial beantwortet. Sie heißt «Endosymbionten-Hypothese» und wurde vor allem durch die amerikanische Botanikerin Lynn Margulis wissenschaftlich so untermauert, dass sie heute weithin anerkannt ist. Lynn Margulis sagt: Komplizierte Zellen – zum Beispiel die der Pflanzen, Tiere und Menschen – sind durch Zusammenschlüsse entstanden. Auf der Urerde haben große Bakterien eine oder mehrere kleinere Bakterien aufgenommen. Sie haben sie aber nicht verdaut, im Gegenteil. Die kleinen Gäste wuchsen und gediehen im Inneren ihres großen Wirtes.

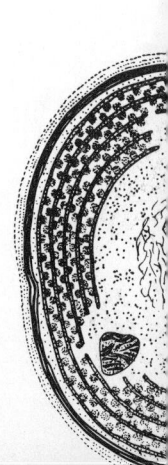

* siehe Kapitel 2

Beide Partner hatten etwas vom Zusammenleben. Die kleineren schätzten vielleicht den Schutz. Und die größeren profitierten wahrscheinlich davon, dass die kleinen besondere biochemische Reaktionen ausführen konnten – zum Beispiel Sauerstoff veratmen oder Photosynthese betreiben.

So entstand eine Symbiose, die sich Schritt für Schritt weiterentwickelte.* Die Partner stellten sich immer mehr aufeinander ein. Irgendwann waren sie untrennbar miteinander verbunden. Eine faszinierende Idee: Zwei oder drei Arten von Lebewesen verschmelzen zu einer Art. Wenn Lynn Margulis' Theorie wirklich stimmt, dann leben in unseren Zellen die Nachfahren von Urbakterien. Sie erledigen als Mitochondrien die Zellatmung. Auch in den Pflanzen übernehmen solche ehemaligen Bakterien die Atmung. Außerdem tragen Pflanzen noch die Nachkommen von Cyanobakterien in ihren Zellen. Sie heißen heute Chloroplasten und sind für die Photosynthese zuständig.

Ähnliche Organismen, wie sie damals vor anderthalb Milliarden Jahren entstanden, gibt es noch heute. Die Fachleute nennen diese Einzeller mit Zellkern, Mitochondrien und Chloroplasten einzellige Algen. Zu ihnen gehören zum Beispiel die Diatomeen. Sie haben eine Schale aus Kieselsäure und sind ein wichtiger Bestandteil des Planktons im Meer. Bekannt ist auch Euglena, das Augentierchen. Wenn es in Massen vorkommt, verwandelt es Pfützen oder kleine Teiche in eine dicke grüne Brühe.

Aus diesen einzelligen Algen entstanden größere Lebensformen. Denn einige von ihnen erwarben die Fähigkeit, sich nach der Zellteilung nicht immer gleich zu trennen. So entstanden vielzellige, ziemlich schwabbelige Wasserlebewesen – die Vorfahren unserer größeren Algen und Tange. Auf der Erde spielen diese Lebewesen heute eine ebenso wichtige Rolle wie die Landpflanzen. Sie erledigen die Hälfte der photosynthetischen Zucker- und Sauerstoffproduktion. Und sie bilden die Grundlage der Nahrungskette in den Meeren.

* zum Begriff der Symbiose siehe Kapitel 12

127

Die Eroberung der Luft

Das Leben entstand also im Wasser. Lange Zeit blieb es auch dort gefangen. Denn obwohl sich die ersten Landmassen schon vor drei Milliarden Jahren gebildet hatten, waren sie noch vor 460 Millionen Jahren wie tot. Zu dieser Zeit muss es in den Ozeanen und Seen gewimmelt haben: Cyanobakterien und Algen suchten das Licht der oberen Wasserschichten. Bakterien, fädige Wasserpilze und einfache vielzellige Tiere fraßen Algen, Cyanobakterien und einander.

Nach neuesten Erkenntnissen gab es vielleicht einige landlebende Cyanobakterien. Doch das war es auch schon. Die Urerde war so trostlos wie die Umgebung eines Vulkans kurz nach einem Ausbruch. Sie bestand aus festem Stein, der stellenweise zu Schlamm und Lehm verwittert war, und aus Lava- und Aschengebirgen. Zuweilen blubberte ein Schlammloch, grummelte ein feuerspeiender Berg, pfiff der Wind, dem kein Strauch Einhalt gebot. Ansonsten muss es sehr still gewesen sein.

Nur die Strände und Ufer waren belebt, denn dort im Feuchten konnten Algen existieren. Bei Flut aalten sie sich im Wasser, die Ebbe überdauerten sie recht und schlecht. Einige dieser Uferbewohner sind die unmittelbaren Vorfahren der grünen Landwesen, die die Botaniker «Pflanzen» nennen – während sie sich nicht recht einigen können, welche Algen sie nun zu den Pflanzen rechnen sollen und welche nicht.

Die Vorfahren unserer Blumen, Kräuter und Bäume eroberten nicht eigentlich das Land, sondern die Luft. Denn die Luft war das Bedrohliche. Sie trocknete aus. Wer in ihr leben wollte, musste sich schützen, zum Beispiel mit Wachsschichten. Auch für die Fortpflanzung hatte das Leben an der Luft Konsequenzen: Die Geschlechtszellen konnten nicht mehr einfach zu denen eines Artgenossen schwimmen. Die Landpflanzen mussten also auf Regen oder Tau warten, wenn sie sich

sexuell vermehren wollten. Oder Pollenkörner herstellen, die der Wind davontrug. Nützlich waren nun auch Samen, die den empfindlichen Embryo umhüllten und vor Austrocknung schützten. Daneben mussten die Landpflanzen Wurzeln und Leitungsbahnen ausbilden, um sich das lebenswichtige Wasser aus dem Boden zu holen. Und wer dann noch richtig hoch aufragen wollte in sein neues Element, musste zusätzlich festes Stützmaterial in den Stamm einlagern.

Leider sind gut erhaltene Pflanzenfossilien rar. Vorzeitforscherinnen und -forscher schätzen sich glücklich, wenn sie ein komplettes Wurzelstück eines interessanten Urgewächses finden, einen Blattabriss, eine Blüte oder Pollenkörner. Dann ist es, als leuchteten sie mit einer kleinen Taschenlampe kurz in die dunkle pflanzliche Vergangenheit. Dass es irgendwann möglich sein könnte, die gesamte Entstehungsgeschichte der grünen Landgewächse auf diese Weise zu erhellen, hofft wohl keiner von ihnen. Doch eine ungefähre Vorstellung davon, wie sich unsere Vegetation entwickelt hat, können die Fachleute sich schon machen.

Man nimmt an, dass die ersten grünen Landbewohner vor über 400 Millionen Jahren blattlose, rundliche Sprosse waren, die sich nur gelegentlich gabelten. Diese Urpflanzen besaßen keine Wurzeln, aber Spaltöffnungen für den Gasaustausch. Eine feste Außenschicht schützte sie vor dem Austrocknen. Schon wenige Millionen Jahre später gediehen bis zu zwanzig Zentimeter hohe Gewächse. Die meisten von ihnen waren noch unbeblättert; einige trugen kleine stachelartige Fortsätze. Mit wurzelähnlichen Zellschläuchen nahmen sie Wasser und Mineralien auf.

Vor etwa 340 Millionen Jahren entstanden im heutigen Europa und Nordamerika die berühmten Steinkohlewälder. Diese Wälder wuchsen in Sumpfgebieten. Wie in unseren Hochmooren zerfielen die abgestorbenen Pflanzenreste dort nicht, sondern verwandelten sich in Torf. Aus dem entstanden im Laufe der Zeit riesige Kohlevorkommen.

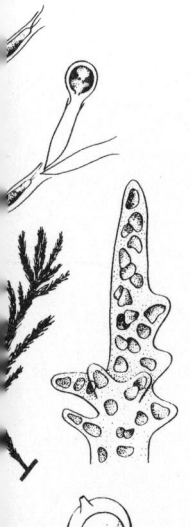

129

In den Steinkohlewäldern dominierten die Bärlappgewächse, zum Beispiel als mächtige Schuppen- und Siegelbäume. Zwischen ihnen standen die etwas niedrigeren Baumfarne. An den Ufern von Flüssen und Seen wuchsen feuchtigkeitsliebende, ebenfalls baumförmige Schachtelhalmgewächse. An trockneren Standorten hielt sich die heute verschwundene Gruppe der Farnsamer mit ihren zum Teil mächtigen Wedelblättern. Auch Verwandte unserer heutigen Nadelbäume gediehen in den Steinkohlewäldern. Diese Gewächse hatten einfach gegabelte oder nadelförmige Blätter. Sie schlossen – anders als Farne oder Bärlappe – ihren empfindlichen Embryo in einen Samen ein. Dadurch kamen sie besser mit Trockenheit zurecht als die meisten anderen Pflanzenarten. Einen Fruchtknoten, der die Samenanlage in der Blüte einschließt, besaßen sie allerdings noch nicht. Für Botaniker ist diese Tatsache so bezeichnend, dass sie die eben beschriebene Pflanzengruppe «Nacktsamer» nennen. Zu den Nacktsamern gehören zum Beispiel die Ginkgogewächse, die palmenartigen Cycadeen und die Zapfen tragenden Nadelhölzer.

Ihre große Zeit begann, als sich vor etwa 250 Millionen Jahren das Klima wandelte und die Sümpfe austrockneten. Damals starben die meisten baumförmigen Bärlappgewächse aus. Riesige Nadelbaum- und Cycadeenwälder entstanden, in denen Farne und Schachtelhalme längst nicht mehr so eine wichtige Rolle spielten wie zuvor. Wir kennen diese Wälder als Hintergrund für Dinosaurierabbildungen, denn sie waren der Lebensraum dieser Urzeitwesen.*

Vor ungefähr 100 Millionen Jahren wurde das Klima auf der Erde dann wieder kühler. Die Dinosaurier verschwanden und mit ihnen viele andere Tiere und Pflanzen. Einige Nacktsamer überlebten jedoch. Vom Ginkgo war bereits die Rede. Doch vor allem die Nadelhölzer bilden noch heute einen wichtigen Teil unserer Flora, denn sie beherrschen die großen Waldgebiete der nördlichen Erdhalbkugel.

* Pflanzen aus der Zeit der Dinosaurier:
daphne.palomar.edu/wayne/ww0803.htm

Aber ihr Zeitalter ist vorbei, wie das der anderen urtümlichen Pflanzen auch. Eine neue Gruppe von Gewächsen besiedelt heute die meisten Lebensräume der Erde. Es sind die bedeckt-samigen Blütenpflanzen. Botaniker bezeichnen sie manchmal als besonders «fortschrittlich». Wenn sie das sagen, denken sie an zwei Dinge: Erstens hat diese Pflanzengruppe den Auf-bau der Wasserleitgewebe perfektioniert. Zweitens – und wichtiger – hat sie sich Tiere zu Partnern gemacht, die ihre Blüten bestäuben und so ihre Fortpflanzung sichern.*

Zurzeit leben auf der Erde ungefähr 235 000 verschiedene bedecktsamige Blütenpflanzen. Dazu kommen etwa 16 000 verschiedene Arten von Moosen, einige wenige beschuppte Nacktfarne, etwa 1000 Bärlappe, 15 Schachtelhalmarten und 12 000 richtige Farne, ein paar palmenartige Cycadeen, eine Ginkgoart und 550 Nadelhölzer.**

* Mehr dazu steht in Kapitel 13.
** bebilderte Überblicke über das Pflanzenreich: www.perspective.com/nature/plantae (englisch, leicht zugänglich) oder web1.manhattan.edu/fcardill/plants/intro/ (englisch, sehr ausführlich)

15. Die Vielfalt bewahren

Naturschutz

Der Blick in ihre Geschichte zeigt, dass die Erde nie ein Garten Eden gewesen ist, wo vollkommene Gewächse auf immer blühen und gedeihen. Sie ist ein Ort des Wandels. Im Laufe der Jahrmillionen sind immer wieder Pflanzenarten ausgestorben und neue entstanden.

Gegenwärtig aber erleidet das Leben auf unserem Planeten eine ungewöhnliche Phase des Verschwindens und der Zerstörung. Diese vernichtende Kraft steigert sich ständig. Wissenschaftler schätzen, dass heute eine Tier- oder Pflanzenart pro Stunde vom Erdboden verschwindet.*

Nach Ansicht des amerikanischen Biologen Edward O. Wilson ist diese Aussterbegeschwindigkeit mindestens 1000-mal größer als die «normale», die die Forscher aus der Erdgeschichte kennen. Schuld daran sind wir selbst.

Wir vergiften die Atmosphäre, den Boden, die Bäche, Flüsse und Ozeane mit unseren Abgasen, Abfällen und Abwässern. Wir holzen ab, reißen aus, spritzen tot, graben um. Wir bauen Hütten, Häuser, Straßen, legen Gärten, Wirtschaftswälder und Felder an. Aus falsch verstandener Ordnungsliebe schrubben wir alte flechtenbewachsene Steine sauber und beseitigen ungewöhnlichen Wildwuchs an Wegrändern und auf Brachflächen. Das alles ist so bekannt, dass es die meisten Menschen leider nur noch zum Gähnen bringt. Nur die Empfindsamen werden traurig, wenn sie unsere Verluste bedenken.

Im Jahr 1620, kurz nach der Landung der Pilgerväter in Nordamerika, beschrieb ein Reisender den Ritt durch die Prärien. Sie waren «mit Erdbeeren so dicht besät ..., dass die Fesseln der Pferde in Blut getaucht schienen». Das Land wirkte fast unberührt, denn die Indianer nutzten so wenig von seinem Reichtum, dass es sich immer wieder regenerier-

---

* «Weltkarte des Lebens» vom World Wide Fund for Nature (WWF) unter: www.global 200.de/g200_ueberblick.html

133

te. Doch das ist längst vorbei. Heute ist das Erdbeerland der Pilgerväter Agrarsteppe.

Nordamerika ist keine Ausnahme. Naturlandschaften und naturnahe Landschaften sind weltweit auf dem Rückzug. Europa zum Beispiel ist schon seit sehr langer Zeit nicht mehr das Waldgebiet von anno dazumal, in dem die Eichhörnchen von Dänemark nach Südspanien springen konnten, ohne ihre Pfoten auf den Boden zu setzen.

Doch auch die artenreiche Kulturlandschaft, die nach dem Wald kam, verschwindet. Zum Beispiel blühten bei uns noch Anfang des letzten Jahrhunderts die meisten Wiesen kunterbunt. Heute kennen viele diesen Anblick gar nicht mehr. Wenn sie überhaupt einmal eine Weide betreten, dann eine stark gedüngte. Dort herrscht – wegen des hohen Nährstoffangebotes – Gras-Löwenzahn-Monotonie.

Auch solche Flächen können Herz und Seele erfreuen. Sie leuchten im Frühsommer wunderschön gelb. Deshalb ist den meisten Menschen gar nicht klar, dass uns mit den wenig gedüngten Wiesen kleine Paradiese verloren gegangen sind. Wer mag schon daran denken, dass wir unsere niedrigen Lebensmittelpreise unter anderem mit Pflanzenverlusten erkaufen?

Wer kennt zum Beispiel die Wasser-Pfriemenkresse? Wohl keiner, denn sie ist in Deutschland seit Jahrzehnten ausgestorben. Ein ein bis acht Zentimeter hohes Pflänzchen war sie, das sehr kleine weiße Blüten in einer lockeren Traube trug und rundliche Samen bildete. Sie wurden wahrscheinlich durch Wasservögel verbreitet. Früher gedieh die Wasser-Pfriemenkresse am Grund einiger nährstoffarmer Teiche in Baden-Württemberg und Bayern.

Doch die haben wir längst durch Fischzucht, Düngerreste und Abwässer verschmutzt. Und das heißt in diesem Falle: mit Nährstoffen angereichert. Stärkerwüchsige, nährstoffliebende Pflanzenarten haben deshalb die Pfriemenkresse verdrängt. In einigen Gebieten, etwa in Mittelschweden und den

Pyrenäen, halten sich noch vereinzelte Grüppchen des empfindlichen Gewächses. Aber sie gelten auch dort als extrem gefährdet.

Ebenfalls aus unserem Land verschwunden sind der Schlitzblättrige Beifuß, der Gezähnte Leindotter, der Hohe Wolfstrapp, der Taumellolch und der Kleefarn. Die Kopfsegge, die Kragenblume, die Strandgerste, die Tannenrose und die Flachsnelke. Das Wollfrüchtige Rapünzchen, das Kastanienbraune Zyperngras und das Wasserdickblatt. Spitzels Knabenkraut, Barbers Brombeere und noch etliche andere.

Fast vier Prozent unserer Blütenpflanzen und Farne – das sind 118 Arten – sind im Moment unmittelbar vom Aussterben bedroht. Dazu gilt fast ein Drittel unserer Blütenpflanzen als «gefährdet», ebenso die Hälfte unserer Farnpflanzen und Moose sowie zwei Drittel unserer Flechten. «Gefährdet» heißt: Der Bestand dieser Arten ist merklich zurückgegangen oder durch menschliche Aktivitäten in Gefahr.

Die Zentren des Aussterbens liegen jedoch woanders, in den noch heute sehr artenreichen Gebieten wie zum Beispiel den tropischen Regenwäldern. Diese urtümlichen, unglaublich vielfältigen Lebensgemeinschaften könnten in nur 25 Jahren verschwunden sein. Denn Menschen holzen und brennen jährlich 200 000 Quadratkilometer Regenwald ab – das entspricht der Größe von England und Schottland zusammen. Mit dem Wald verschwinden auch Tausende von Pflanzenarten. Und mit jeder Pflanzenart sterben schätzungsweise zehn bis dreißig von ihr abhängige Tiere, Pilze oder Bakterien aus. Mit Satellitenkameras und Messgeräten – zum Beispiel dem in der Einleitung beschriebenen SeaWIFS – lässt sich das erschreckende Ausmaß solcher und anderer Naturzerstörungen erkennen. Ihre Bilder zeigen uns: Die Menschheit gedeiht, aber unsere Erde wird ärmer.*

* mehr Informationen unter: www.itek.norut.no/itek/sat/projects/sur_sat.fm.html

Die wirklich wichtigen Dinge

Lohnt es sich, dagegen zu kämpfen? Ich denke, ja. Natürlich kann kein Mensch allein den Planeten retten. Aber er oder sie kann das Gefleckte Knabenkraut beschützen, dessen Magerwiese am Stadtrand bebaut werden soll. Im Garten Raum für Wildkräuter lassen. Anderen erklären, warum wir auch neue Naturschutzgebiete brauchen und nicht nur neue Straßen. Eine Umweltorganisation mit Geld und Taten unterstützen. Durch sparsamen Umgang mit Energie und Rohstoffen den eigenen «Naturverbrauch» senken. Oder sich irgendetwas anderes Pflanzenfreundliches einfallen lassen.

Es muss gar nicht so spektakulär sein wie die Aktion von Julia Hill. Im Dezember 1997 bestieg die damals 23-jährige Amerikanerin einen 1000 Jahre alten kalifornischen Redwood-Mammutbaum. Er steht auf einem Gelände, das dem Sägewerk «Pacific Lumber Company» (PALCO) gehört. Sein Holz ist etwa 100 000 Dollar wert. Bis 1986 hatte die Firma solche Baumgiganten geschont. Sie hatte darauf verzichtet, die letzten Urwaldreste der amerikanischen Pazifikküste durch Kahlschläge zu zerstören. Dann war das Unternehmen von einem anderen Konzern gekauft worden – und die neue Leitung brach die bewährten Naturschutzregeln.

Dagegen kämpften Männer und Frauen der Umweltgruppe «Earth First!» («Zuerst die Erde!»). Als Julia Hill von ihrem Widerstand hörte, meldete sie sich als Baumbesetzerin. Zwei Jahre lang lebte sie auf «Luna» – so hatten die Umweltaktivisten den 60 Meter hohen Mammutbaum getauft. Sie trotzte dem Wind und den Hubschraubern des Sägewerks, die ihren Wohnsitz täglich umkreisten. Sie empfing Presse-, Rundfunk- und Fernsehjournalisten und machte «Luna» so in aller Welt bekannt. Den Waldarbeitern, die um sie herum sägten, sang sie Lieder von der Kraft der Liebe vor.

Im Dezember 1999 gaben die Sägewerksbesitzer nach: «Luna» darf stehen bleiben. Um den Baum herum ist eine Schutzzo-

ne entstanden, in der keine Bäume geschlagen werden. Beinahe noch erfreulicher ist, dass Julia und ihre Mitstreiter viele Amerikaner dazu gebracht haben, sich ebenfalls aktiv für den Schutz ihrer letzten Urwälder einzusetzen.

Julia Hill wurde durch einen Unfall, bei dem sie beinahe ums Leben kam, zur Umweltaktivistin. Ein ganzes Jahr lang hatte sie mit den Folgen zu kämpfen. In dieser Zeit erkannte sie: Es ist nicht selbstverständlich, dass man lebt. Sie beschloss, sich in Zukunft «auf die wirklich wichtigen Dinge zu konzentrieren».*

Für sie waren das die uralten kalifornischen Redwood-Bäume. Ihre Majestät rührte und überwältigte die junge Frau. Keiner musste ihr langatmige Vorträge darüber halten, warum Naturschutz sinnvoll ist. Sie spürte es einfach. Aber nicht jeder ist wie sie. Wie also macht man weniger sensiblen Menschen klar, dass wir versuchen sollten, alle Pflanzenarten – genauer gesagt ihre Lebensräume samt Tieren und Pilzen – zu erhalten?

Das wichtigste Argument für den Erhalt der biologischen Vielfalt lautet: Wer weiß, ob wir die vom Aussterben bedrohten Arten nicht irgendwann einmal brauchen. Wir können ihren Wert nicht einschätzen. Aber wahrscheinlich ist er sehr groß. Vielleicht ist zum Beispiel der tropische Regenwald eine Schatzkammer von Heilkräutern, die schon ausgerottet werden, bevor wir von ihrer Existenz wissen? Aus Pflanzen werden auch heute noch wichtige neue Medikamente entwickelt! In der Wildnis sind Kostbarkeiten versteckt. Man muss sie nur zu finden wissen. Das heißt, vom Glück begünstigt sein und botanisch gebildet dazu. Dann sieht man Gewächse wie das kleine gelbblütige mit den klebrigen Blättern, das der US-amerikanische Botaniker Hugh H. Iltis im Dezember 1962 in einem Hochtal der peruanischen Anden entdeckte. Er erkannte sofort, dass es sich um eine Wildtomate handelte. Er und sein Kollege sammelten einige Exemplare für ihr Herbarium und ernteten zwei Dutzend der grünweiß gestreiften

* mehr unter: www.lunatree.org/

Beeren, die noch nicht einmal so groß wie Kirschen waren.
Sie zerdrückten die Beeren zwischen Zeitungspapier, um die
Samen zu trocknen. Einige Wochen danach schickten sie die
Körnchen an einen Spezialisten für Tomatengenetik in Kali-
fornien.

Der säte sie auf seinem Versuchsfeld aus und beschäftigte sich
vierzehn Jahre lang mit Iltis' Fund. Dabei stellte er fest, dass
es sich bei der unscheinbaren Pflanze um eine bisher unbekannte Wildtomatensorte handelte – und um eine überaus
nützliche dazu. Er kreuzte die Neuentdeckung mit einer normalen Kultursorte. Aus den Nachkommen züchtete er Tomatenpflanzen, deren Früchte ungewöhnlich wohlschmeckend
waren.

Das lag daran, dass ihr Saft so gehaltvoll war. In ihm befanden sich ungewöhnlich große Mengen an gelösten Stoffen,
beispielsweise Fruchtzucker. Für die Tomaten verarbeitende
Industrie ist die Konzentration solcher gelösten Feststoffe
von großer Bedeutung. Fachleute haben ausgerechnet, wel-
chen wirtschaftlichen Nutzen Iltis' Wildtomate der Tomaten-
industrie bringt. Sie kamen auf mehrere Millionen Dollar pro
Jahr.

Selbst Pflanzenhasser müssen also zugeben: Wenn wir Menschen die letzten Naturräume zerstören, dann vernichten wir
große Kostbarkeiten. Und das ist eine Dummheit, denn auch
die gewieftesten Genetiker können die Vielfalt, die im Laufe
von 400 Millionen Jahren Pflanzenevolution entstanden ist,
nicht wieder aufleben lassen.

16. Brot für die Welt?

Getreidezucht von der Steinzeit bis heute

Homo sapiens, der Mensch, ist für viele Pflanzen gefährlich. Er zerstört ihre Lebensräume, drängt sie in Schutzgebiete zurück, vernichtet sie. Könnten die Geister ausgerotteter und bedrohter Gewächse an ihren Heimatorten Klagelieder singen, dann fänden sensible Menschen keine Ruhe mehr. Trauerkonzerte überall.

Einigen Pflanzen allerdings ist es anders ergangen. Sie sind Nutznießer des Aufstiegs der Gattung Homo. Seit vielen tausend Jahren gedeihen sie in Partnerschaft mit uns. Miteinander sind wir stark geworden. Es gibt eine Reihe solcher uralten Kooperationsgeschichten. Eine der interessantesten ist die der Gemeinschaft zwischen Menschen und Gräsern.

Betrachten wir die Welt also einmal aus der Sicht der Gräser. Rupfende Tiermäuler oder wandernde Feuersbrünste machen den meisten von ihnen nichts aus – sie wachsen einfach nach. Hauptsache, sie bekommen genug Sonne. Aber wenn sich zwischen ihnen Bäume breitmachen, die sie überragen und ihnen die Sonne stehlen, wird es lebensbedrohlich für die Gräser.

Da kommt nun so ein zweibeiniges Savannenwesen daher. Genau wie das Gras scheut es den dichten Wald. Denn dort in der schattigen Enge gedeihen die Vierfüßerherden nicht, deren schwächere Exemplare der Urmensch erlegt und isst. Er ist also bemüht, den Wald zurückzudrängen. Er legt Feuer, schafft Lichtungen, verwandelt das Dickicht stellenweise in lichtes, offenes Land. Dort kann das Gras sprießen. Die großen Vierbeiner schlagen sich voll und gedeihen, und auch der Zweibeiner hat zu essen. Ist das nicht eine geradezu perfekte Symbiose?

Später wurde diese Verbindung noch enger. Vor etwa zehntausend Jahren wandelte sich der Zweibeiner nämlich zum

Landwirt. Er begann, Gräser anzubauen, um ihre Samenkörner zu essen. Wie er darauf kam, wissen wir nicht. Aber natürlich gibt es Theorien. Die bekannteste ist die vom Abfall-
haufen: Die Urmenschen sammelten alles Pflanzliche, was
ihnen schmeckte, und trugen es zu ihrer Behausung. Nach
dem Essen landeten die Reste auf einer Art Müllhaufen, zusammen mit Knochen und Kot. Der Haufen verrottete. Er
wurde zu Kompost. In dieser dunklen, fruchtbaren Erde
keimten Samen, die zufällig im Müll gelandet waren. Sie
wuchsen empor, und die Zweibeiner staunten. Schmackhafte
Pflanzen, die sie sonst von weit her herbeigeschafft hatten,
gediehen direkt neben dem Höhleneingang. Ein Geschenk
der Götter!
Irgendwann muss es findigen Frauen und Männern gedäm-
mert haben, dass sie im göttlichen Spiel mitmischen konnten.
Sie wählten die Samen der größten, schönsten und wohl-
schmeckendsten Pflanzen aus und legten sie in den Kompost
oder in ein aufgerissenes Stück Erde. Und siehe da: Ihr Essen
wurde langsam besser. Auf diese Weise haben die Urmenschen – ohne sich dessen bewusst zu sein – mit der Nutz-
pflanzenzucht begonnen.*

Von Urweizen und Minimais

Heute wissen wir dank der Genetik, warum man durch wie-
derholtes Auswählen bestimmter Samenkörner Pflanzen
verändern kann: Im pflanzlichen Samen liegt der Embryo –
das Kind einer Pollen liefernden Vaterpflanze und einer Mutterpflanze, aus deren Samenanlage es gewachsen ist. In den
Zellkernen dieses Kindes befinden sich etwa 20 000 verschiedene Gene. Das sind Bauanleitungen für alle Stoffe, die die
neue Pflanze jemals produzieren wird. Das Pflanzenkind hat
jedes Gen in doppelter Ausführung, eines vom Vater, eines
von der Mutter.

---

* Kulturpflanzenausstellung unter: www.rrz.uni-
hamburg.de/biologie/b_online/schaugarten/ListeD.html

So ein Gen ist nicht für die Ewigkeit gemacht. Umwelteinflüsse oder der pure Zufall können es verändern. In einer Gruppe von Pflanzen gleicher Art, wie sie vielleicht auf dem Komposthaufen der Urmenschen wuchs, kommen deshalb etliche Gene in verschiedenen Varianten vor. Man sieht: Die Pflanzen sind verschieden groß. Manche haben etwas größere, manche ein wenig kleinere Samen. Alles Mögliche kann diese Unterschiede hervorrufen. Vielleicht bekommen manche Pflanzen mehr Sonne oder weniger Wind, Wasser und Nährstoffe als die anderen. Zuweilen aber liegen die Unterschiede wirklich in den Pflanzen selbst, in ihrer genetischen Ausstattung.

Wenn nun eine Urmenschenfrau – der Ackerbau war damals meist Sache von Müttern und Töchtern – die Samen von Pflanzen mit bestimmten Eigenschaften sammelt, dann sammelt sie damit auch bestimmte Gene. Wenn sie die Samen aussät, vermehrt sie diese Gene. Einige der so ausgewählten und vervielfachten Gene verändern sich. Das hat zum Beispiel zur Folge, dass einige der neuen Pflanzen widerstandsfähiger und ertragreicher als die des Vorjahres sind. Der Bäuerin gefallen diese Veränderungen. Also sammelt sie die Samen der Pflanzen mit den veränderten Genen. Sät sie aus. Vermehrt dadurch das veränderte Gen. Erhöht so die Chance für zusätzliche Veränderungen. Und so weiter. Auf diese Weise lässt sie Nutzpflanzenrassen mit Genkombinationen entstehen, die es vorher nicht gab.

Im Laufe der Jahrtausende züchteten die Menschen Gräser mit immer größeren, energiereicheren Samen – die Ahnen von Gerste, Weizen, Reis und Mais. Im Gegensatz zu den ursprünglichen Steppengrassorten bildeten sie keinen zähen, langlebigen Wurzelstock. Ihre Energie steckte größtenteils in den Samenkörnern, die den Winter oder die Trockenzeit überdauerten, während die Mutterpflanze abstarb. Für die Menschen war das vorteilhaft: Wollten sie sich die gespeicherte Sonnenenergie der Pflanzen einverleiben, mussten sie nur die wohlschmeckenden, haltbaren Körner essen.

Oft hatten die neuen Getreidesorten einen weiteren Vorzug:
Ihr Samenstand hielt zusammen, auch wenn die Körner
längst reif waren. Das vereinfachte die Ernte. Biologisch
gesehen macht es allerdings keinen Sinn. Samenkörner sollen
sich ja zerstreuen. Dann gelangen sie an verschiedene Orte,
können dort keimen und den Fortbestand der Art sichern.
Nutzgräser mit genetischen Veränderungen, die den Samenstand zusammenhalten, müssen vom Menschen geerntet und
gesät werden. In freier Wildbahn können sie nicht existieren.
Nehmen wir den Mais. Schon vor 7000 Jahren hatten Züchter
diese Grasart verändert. So alt sind die nur zwei Zentimeter
langen Minimaiskolben, die man in der St.-Marco-Höhle im
mexikanischen Tehuacan gefunden hat. Schon sie brechen,
wie unsere modernen Maiskolben, nach der Reife nicht
auseinander. Fällt ein Kolben auf die Erde, dann müssen
seine Körner direkt nebeneinander keimen. Aus biologischer
Sicht kommt dies fast einem Todesurteil gleich: Die Sämlinge
nehmen sich gegenseitig Licht und Nährstoffe und gehen
höchstwahrscheinlich alle ein.

So verloren die Nutzgräser ihre Unabhängigkeit. Trotzdem
breiteten sie sich aus. Oder, besser gesagt: Sie ließen sich
verbreiten. Die Urformen des Weizens stammen wahrscheinlich aus Vorderasien. Reis kommt ursprünglich aus Südasien
und Indien, Gerste aus Nordafrika, Mais aus Mittel- oder
Südamerika. Als Nutzpflanzen nährten sie ihre Versorger so
gut, dass diese sich stark vermehrten und nach und nach den
ganzen Erdball eroberten. Natürlich trugen sie Grassamen im
Gepäck. Noch heute stammt die Hälfte der Kalorien, die die
Menschheit zu sich nimmt, von den Gräsern Weizen, Reis
und Mais.

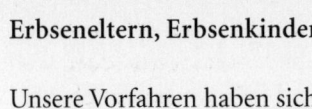

Erbseneltern, Erbsenkinder

Unsere Vorfahren haben sich sicher ihre eigenen, mehr oder
weniger magischen Vorstellungen von der Pflanzenzucht
gemacht. Wahrscheinlich sind sie nicht systematisch vorge-
gangen. Sie haben Rückschläge eingesteckt, ihr züchterisches
Wissen verloren, wieder entdeckt, wieder verloren. Aber über
Generationen und Jahrhunderte hinweg haben sich doch Er-
folge eingestellt, konnten die Erträge der Nutzpflanzen gestei-
gert, ihr Geschmack und ihre Widerstandsfähigkeit verbessert
werden.

Heutige Züchter können die Eigenschaften von Pflanzen in
einem sehr viel kürzeren Zeitraum verändern. Denn seit der
Entwicklung der modernen Vererbungslehre – der Genetik –
kennen sie die Grundlagen und Gesetze ihres Handwerks
und können die Pflanzen deshalb gezielt unseren Bedürfnissen anpassen.

Die Genetik ist eine relativ junge Wissenschaft. Ihre Wurzeln
liegen im 18. Jahrhundert. Damals ahnte man noch nicht,
was ein Gen ist. Aber zumindest hatte ein Teil der Gelehrten
verstanden, dass Pflanzen eine Sexualität besitzen wie Tiere
und Menschen auch. Man konnte sie also kreuzen. Dazu
musste man die Arbeit der Bienen oder des Windes übernehmen. Das heißt den Pollen einer Vaterpflanze auf den Stempel einer Mutterpflanze auftragen. In den Nachkommen, die
aus den so entstandenen Samen wuchsen, mischten sich die
Merkmale beider Eltern.

Im 18. Jahrhundert und in der erste Hälfte des 19. Jahrhunderts führten viele Botaniker solche Kreuzungsexperimente
durch. Sie beobachteten und staunten, konnten aber keine
Gesetzmäßigkeiten der Vererbung erkennen. Das gelang erst
dem Augustinermönch Gregor Mendel. Im Garten seines
Klosters in Brünn in der heutigen Tschechischen Republik
kreuzte er verschiedene Erbsenrassen. Innerhalb von 8 Jahren
führte er 355 künstliche Befruchtungen durch. Er gewann

Samen und zog daraus rund 13 000 neue Pflanzen auf. Dabei
achtete er auf sieben Merkmale seiner Versuchspflanzen, etwa
auf Blütenfarbe und auf Samenform. Sehr sorgfältig notierte
er, wie diese Merkmale von den «Eltern» an die «Kinder»
weitergegeben wurden. Seine Beobachtungen fasste er zu Ver-
erbungsregeln zusammen. Im Jahr 1866 veröffentlichte er die
Ergebnisse seiner Arbeit.

Kaum einer beachtete seine Schrift. Die Zeit war noch nicht
reif; Mendel war ihr voraus. Zwei Jahre später wurde er zum
Abt seines Klosters gewählt. Nun hatte er kaum noch Muße
für seine geliebte wissenschaftliche Tätigkeit (von deren Wert
er übrigens sein Leben lang überzeugt war). Als Mendel 1884
in Brünn zu Grabe getragen wurde, ahnte wohl niemand,
dass er auch ein großer Naturforscher gewesen war.*

Erst Anfang des 20. Jahrhunderts wurden seine Arbeiten wie-
der entdeckt, und in den folgenden Jahrzehnten entwickelte
sich die Genetik rasant. Man stellte fest, dass die «mendel-
schen Regeln» nicht nur für Erbsen, sondern auch für andere
Organismen galten. Die Funktion der Chromosomen wurde
entdeckt: Diese fadenartigen Strukturen im Zellkern von
Menschen, Pflanzen und Tieren tragen die Erbinformation.
Sie bestehen aus aneinander gereihten Genen, die – wie zu
Beginn des Kapitels erklärt – Aussehen und Funktion eines
Lebewesens bestimmen. Bald darauf wusste man auch, dass
die Chromosomen aus Eiweißen und Desoxyribonukleinsäure (DNA) bestehen. Im Jahr 1953 entdeckten dann die Amerikaner James Watson und der Engländer Francis Crick, dass
die DNA im Zellkern die Form einer doppelten Spirale – der
berühmten Doppelhelix – hat. Man begann langsam zu verstehen, wie sie funktioniert.

* Originaltexte (deutsch) und Biographie (englisch) unter:
www.netspace.org/MendelWeb/

Wem nützt die grüne Revolution?

Dieser enorme Wissenszuwachs und der technische Fortschritt in vielen anderen Gebieten halfen natürlich auch den Pflanzenzüchtern der Industriestaaten weiter. Selbstbewusst wie nie fühlten sie sich. In den fünfziger Jahren beschlossen sie, in internationaler Zusammenarbeit den Hunger in der Welt zu bekämpfen. Ihr Plan war, sehr leistungsfähige Weizen-, Reis- und Maissorten zu züchten. Bauern in aller Welt würden diese neuen Sorten anbauen. Mit modernen Düngungsverfahren, Spritzmitteln und technischen Geräten würden sie die Pflanzen dazu bringen, so viel Ertrag zu liefern wie nie zuvor in der Geschichte der Landwirtschaft.

Und wirklich: Überall auf der Erde machten sich Forscherinnen und Forscher daran, unsere drei wichtigsten Getreide durch Zucht zu verändern. Der Reis wurde vor allem in einem internationalen Forschungszentrum auf den Philippinen bearbeitet. Andere Teams – viele von ihnen arbeiteten in einem internationalen Getreide-«Verbesserungszentrum» in Mexiko City – widmeten sich dem Weizen und dem Mais. Weizen und Reis wurden seitdem sehr viel niedriger und vor allem dickhalmiger. So konnten ihre Halme enorm vergrößerte Ähren halten, ohne bei Wind oder Regen gleich umzuknicken. Beim Mais funktionierte diese Strategie nicht. Die verkürzten Pflanzen kümmerten, weil ihre Blätter sich gegenseitig beschatteten. Um die Maiserträge zu erhöhen, wählten die Züchter deshalb einen anderen Weg. Sie schufen Maissorten, die «Dichtestress» ertragen konnten und sich deshalb sehr viel enger pflanzen ließen als ihre Vorläufer.

Die neuen Sorten und die modernen landwirtschaftlichen Methoden lösten dann die «grüne Revolution» aus. So bezeichnet man die enorme Steigerung der weltweiten Getreideerträge. Seit 1960 haben sie sich verdoppelt.

Aber trotz der grünen Revolution ist das Welthungerproblem noch nicht gelöst. Denn die Erdbevölkerung hört nicht auf zu wachsen. Und leider haben wir noch immer nicht gelernt, die Nahrung richtig zu verteilen. Oder sie – besser noch – dort in genügenden Mengen anzubauen, wo sie fehlt. Die Industrieländer prassen, viele Entwicklungsländer darben. Das ist nicht die Schuld der Pflanzenzüchter, könnte man argumentieren – und da ist natürlich etwas dran. Züchter können so wenig oder so viel wie jeder andere dafür tun, dass der Reichtum der Erde allen zugute kommt. Genau wie jeder von uns haben sie die Möglichkeit, sich für die Hungernden zu engagieren – oder eben nicht.

Aber haben die Wissenschaftler, die die grüne Revolution vorantrieben, der Menschheit denn wirklich nur genützt? Heute würden wir sagen: Nein. Sie waren guten Willens und – statistisch gesehen – enorm erfolgreich. Aber ihr Ansatz hat auch Schattenseiten.

Das liegt vor allem daran, dass die neuen Hochleistungsgetreide Unmengen an Dünger und Spritzmitteln brauchen. Deshalb lässt sich ein großer Teil der weltweiten Landwirtschaft gar nicht mehr ohne Großkonzerne denken. Die liefern nicht nur Saatgut, sondern auch Maschinen, Düngemittel, Pflanzenhormone zur Wachstumsregulation, Unkrautvertilger, Insektengifte und Antipilzmittel. Kleinbauern in armen Ländern können sich dieses teure Zubehör oft nicht leisten. Ausgerechnet sie – die dringend mehr Nahrung und mehr Geld brauchen könnten – haben deshalb am Fortschritt gar nicht teil.

Schlimmer noch: Häufig können sie der Konkurrenz nicht standhalten. Denn größere Betriebe, die Geld für Chemikalien, Dünger und Maschinen übrig haben, profitieren ja von der grünen Revolution. Sie erzeugen Nahrung in größeren Mengen und verkaufen sie oft billiger, als es den vergleichsweise unwirtschaftlich arbeitenden Kleinbauern möglich ist. Dann geschieht, was heute in fast allen Ländern der Erde traurige Realität ist: Die kleinen Bauern weichen und Großbetriebe kaufen ihr Land. Wenn die vom Fortschritt Ver-

triebenen Glück haben, finden sie Arbeit in einer neu ge-
gründeten Fabrik. Haben sie Pech, bleiben sie arbeitslos und
landen im Slum einer wuchernden Metropole.
Umweltprobleme verursacht die Agrarchemie natürlich auch.
Bei uns finden sich Düngernitrate und Insektizide im Grund-
wasser, in Flüssen und Seen. Und sie belasten die Nahrungsmittel selbst, denn diese werden größtenteils mit Hilfe von
keineswegs harmlosen Giften produziert. Tiere und Menschen
nehmen diese Stoffe über das Essen auf. Wie sie im Körper
und in der Natur zusammenwirken, ob sie sich in ihrer Wirkung vielleicht gegenseitig verstärken, ist nicht bekannt.
Es gibt immer mehr Landwirte, die diese Entwicklung mit
Sorge sehen und bewusst auf den Einsatz von Kunstdünger,
Pestiziden und Insektiziden verzichten. Getreide, Obst und
Gemüse aus kontrolliertem biologischem Anbau sind deshalb
weniger schadstoffbelastet als konventionell angebautes.
Trotzdem kaufen die meisten Menschen nicht im Bioladen
ein, auch wenn sie das Geld dazu hätten. Denn dann müssten
sie ja vielleicht auf eine ihrer Urlaubsreisen oder auf den
neuen Computer verzichten …

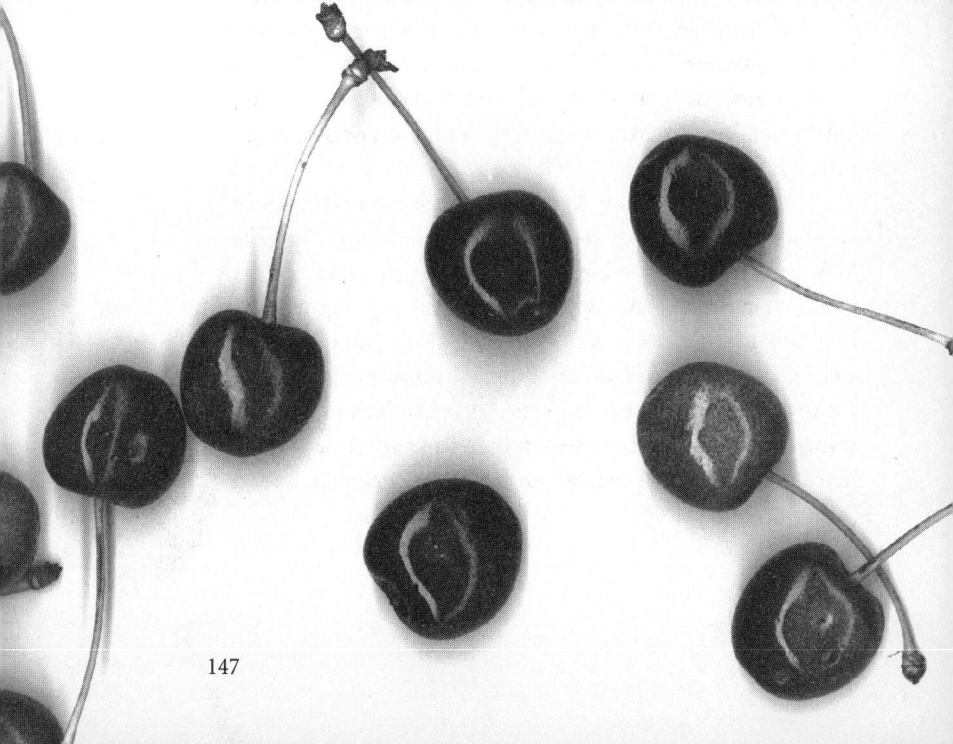

17. Essen im dritten Jahrtausend

Genmanipulation und Food-Design

«Hat der alte Hexenmeister sich doch einmal wegbegeben!»,
jubelt der Zauberlehrling aus Johann Wolfgang von Goethes
berühmtem Gedicht. Flugs hext er einem Besen Kopf und
Beine an. Das neue Wesen muss den Wassertopf vom Fluss
zum Badezuber schleppen, und sein Schöpfer ist begeistert.
Was für eine wunderbare Arbeitserleichterung!
Heute wird das alte Gedicht gern zitiert – oft im Zusammenhang mit unserem Essen und einer sehr modernen Art von
Forscherinnen und Forschern: den Gentechnikern. Sie können das Erbgut von Lebewesen gezielt verändern. Dadurch
schaffen sie – ganz wie der Zauberlehrling – Individuen mit
neuen Eigenschaften. Natürlich haben unsere Tier- und
Pflanzenzüchter das schon immer getan. Aber die Gentechniker arbeiten schneller und mit ganz anderen Methoden als
ihre Vorgänger. Dabei erzeugen sie manchmal äußerst ungewöhnliche Wesen, die den Züchtern alter Zeiten höchstens
im Traum begegnet sind.
Mindestens so merkwürdig wie bebeinte Besen sind zum
Beispiel Kartoffeln, die ein Quallen-Gen enthalten. Gentechniker an der Universität Edinburgh in Schottland haben diese
Pflanzen hergestellt. Wenn die Kartoffeln Wasser brauchen,
senden sie gelbes Licht aus. Wir können das Glimmen der
Blätter nicht wahrnehmen, es ist zu schwach. Aber wenn ein
Landwirt einige dieser Leuchtgewächse in sein ansonsten
normales Kartoffelfeld pflanzte, müsste er sich nur noch
einen speziellen Detektor kaufen. Mit dem könnte er dann
sehen, ob er seinen Acker bewässern muss oder nicht.
Die Quallenkartoffeln stehen bis jetzt nur auf den Versuchs-
beeten der Universität. Andere genmanipulierte Pflanzen
aber wachsen längst auf Feldern, die zu ganz normalen Bau-
ernhöfen auf allen fünf Kontinenten gehören. Wichtigstes

Beispiel sind «herbizidresistente» Maissorten. Forscher haben ihr Erbgut so verändert, dass sie unempfindlich gegen bestimmte «Totalherbizide» geworden sind. Das heißt, der Landwirt spritzt ein Unkrautvernichtungsmittel, das alle normalen Pflanzen absterben lässt. Nur der Mais gedeiht. Spritzmittel und Saatgut werden von einem Konzern verkauft, der prächtig an der neuen Anbaumethode verdient. Andere Maissorten enthalten Gene für ein Bakteriengift. Der Maiszünsler – ein Schmetterling, dessen gelbbraune Raupe sich sonst in Stängel und Kolben bohrt – befällt sie nicht mehr.

Außer dem Mais haben die Gentechniker noch andere Nutzpflanzen in herbizidresistente oder insektengiftige Fabelwesen verwandelt – etwa Sojabohnen, Raps, Kartoffeln, Baumwolle, Reis, Rüben und Radiccio. Auch das Erbgut der Tomaten wurde und wird intensiv bearbeitet. Denn mit ihren Früchten lässt sich gut verdienen: Sie sind das meistverzehrte Gemüse der Welt. Ziel der Gentechniker ist, Sorten mit wohlschmeckenden, aber trotzdem möglichst haltbaren Früchten zu schaffen.*

Und wir stehen angeblich erst am Anfang, in einer Art «Gentechnik-Steinzeit»; in naher Zukunft seien wahre Wunder zu erwarten, prophezeien einige Forscher. Sie wollen unsere Nutzpflanzen grundlegend verändern – zu Wesen, die genau das tun, was Menschen von ihnen wollen. Beispielsweise denken sie daran, das Schließverhalten der Spaltöffnungen zu verändern: Pflanzen, die in trockenen Gebieten angebaut werden, sollen sie besonders schnell schließen, um möglichst wenig Wasser zu verlieren. Pflanzen, die man in feuchten Gebieten heranzieht, sollen dagegen ihre Spaltöffnungen möglichst lange offen lassen. Dann wüchsen sie wahrscheinlich schneller. Manche Wissenschaftler denken sogar über etwas nach, was Millionen Jahre pflanzlicher Evolution nicht fertig gebracht haben: Sie wollen die Photosynthese-Leistung erhöhen.

---

* mehr über «grüne» Gentechnik unter:
www.mpiz-koeln.mpg.de/~saedler/hsaedl01.htm

Die Geister, die ich rief ...

Goethes Gedicht steigert sich mit der Zeit zu einem Horror-szenario. Der dienstfertige Besen lässt sich nicht stoppen. Er bringt immer mehr Wasser. «... die Not ist groß!», ruft schließlich der verzweifelte Lehrling. «Die ich rief, die Geister, werd ich nun nicht los.» Eine ähnlich unangenehme Situation befürchten alle, die bei «Gentechnik» an den Zauberlehrling denken müssen. Gentechnisch hergestellte Pflanzen werden irgendwann der Kontrolle ihrer Hersteller entgleiten, glauben sie. Dann könnten sie Schaden anrichten wie der verhexte Besen.

In den Ländern, wo genmanipulierte Pflanzen angebaut werden, ist es bisher allerdings nicht zu solchen Katastrophen gekommen. Manche halten die Angst vor der Gentechnik deshalb für unbegründet. Sie werde von Technikfeinden geschürt, die uns alle am liebsten wieder ins Mittelalter versetzen würden, in eine Welt voller Aberglauben, Krankheit und Hunger. Doch das stimmt nicht. Die meisten Gegner der «grünen» Gentechnik haben nichts gegen den Fortschritt. Aber sie machen sich Gedanken um seine Folgen. Zu den Gegnern zählen auch Genetiker, Biologen, Biochemiker – Frauen und Männer also, die sich bestens mit der Gentechnik auskennen.

In vielen Staaten Europas, auch in der Bundesrepublik, nehmen die Regierungen ihre Argumente äußerst ernst. Oft verweigern sie Firmen, die gentechnisch verändertes Saatgut auf den Markt bringen wollen, die Zulassung. Manchmal schreiben sie auch Sicherheitsvorkehrungen für den Anbau vor. In Europa wachsen zur Zeit viel weniger genmanipulierte Pflanzen als zum Beispiel in den USA, in Argentinien oder China. Was könnte also gefährlich sein an den neuen Pflanzensorten? Genauer gefragt: Was unterscheidet überhaupt eine gentechnisch vorgenommene Erbgutveränderung von einer, die durch normale Kreuzung entstanden ist?

Ein Unterschied liegt in den Lebewesen, die an der Zucht beteiligt sind. Herkömmliche Züchter kreuzen Individuen einer
Art, manchmal auch zweier nah verwandter Arten. Dadurch
mischen sie die unterschiedlichen Gene, die in dieser Art von
Natur aus vorhanden sind. Manchmal helfen sie nach und
erzeugen künstlich Genänderungen – so genannte Mutatio-
nen. Aber im Prinzip arbeiten sie nur mit den Genen, die
eine Art ohnehin besitzt.

Das tun Gentechniker natürlich auch. Aber sie gehen oft weiter. Außer arteigenen schmuggeln sie auch artfremde Gene in
einen Organismus ein. Ein Beispiel sind die leuchtenden
Kartoffeln mit dem Quallen-Gen. Die würde wohl keiner
wissentlich zu Brei oder Pommes frites verarbeiten, denn sie
sollen ja nur als Zeiger dienen. Die meisten anderen Genpflanzen werden jedoch verzehrt. Dabei werden die fremden
Eiweiße mitgegessen, die die Pflanze mit Hilfe der künstlich
eingeführten Erbinformation hergestellt hat.

Das könnte ungesund sein, warnen die Gentechnik-Kritiker.
Besonders Allergiker seien gefährdet. Sie versuchen, die Lebensmittel zu meiden, auf die sie mit Pusteln, Asthma oder
Ohnmachtsanfällen reagieren. Wie sollen sie das schaffen,
wenn überall in unserer Nahrung Fremdeiweiße steckten?
Wenn beispielsweise im vermeintlich so bekömmlichen
Sojabohnenburger plötzlich Eiweiße aus Paranüssen enthalten wären? Und wenn sich die Herstellungsweisen und Aus-
gangsstoffe der Lebensmittelindustrie – wie es heute nun
einmal üblich ist – ständig ändern?

Eine andere mögliche Gefahr der grünen Gentechnik sind die
so genannten Antibiotika-Resistenzgene. Sie stammen aus
Bakterien und enthalten Informationen darüber, wie bestimmte Medikamente entgiftet werden können. Ein Teil der
genmanipulierten Pflanzen enthält zusätzlich zu den «eigentlichen» neuen Genen in Pflanzen sonst nicht vorkommende
Resistenzgene. Das hat rein technische Gründe. Die Pflanze
benutzt die Antibiotika-Resistenzgene auch gar nicht. Aber

jede ihrer Zellen enthält sie. Stirbt die Pflanze oder ein Teil von ihr ab, dann gelangen sie in die Umwelt.

Solches freies Erbmaterial ist eigentlich nichts Besonderes. Es ist in allen Überresten von Lebewesen enthalten. Normalerweise wird es einfach abgebaut. Zuweilen geht jedoch ein sehr kleiner Teil einen anderen Weg. Denn Bakterien verhalten sich manchmal so, als wären sie Gentechniker. Sie nehmen fremdes Erbmaterial auf und bauen es in ihr eigenes ein. Mit normalen Pflanzengenen können sie nicht viel anfangen. Doch Antibiotika-Resistenzgene können krankheitserregende Bakterien widerstandsfähig gegen die entsprechenden Antibiotika machen. Wenn Menschen aufgrund einer Infektion mit solchen Bakterien erkranken, dann sind unsere stärksten Arzneimittel unwirksam. Gentechnik-Kritiker fordern deshalb zu Recht: Solche Gene dürfen in manipulierten Pflanzen nicht enthalten sein.

Aber auch andere Gene der neuen Pflanzen könnten zu Problemen führen. Denn weil sie als Teil des Erbguts mit den Pollen verbreitet werden, lassen sie sich nicht unter Kontrolle halten. Sie könnten ganz von selbst neue Genpflanzen erzeugen. Es könnte also zum Beispiel dazu kommen, dass ein genmanipulierter herbizidresistenter Rapspollen ein Wildkraut befruchtet, das mit Raps verwandt ist und sich deshalb mit ihm kreuzt. Dann könnte ein herbizidresistentes Unkraut entstehen, das sich nur noch schwer bekämpfen ließe.*

Ist die grüne Gentechnik also Teufelszeug? Ganz sicher nicht. Sie ist einfach eine neue, in ihren Auswirkungen noch wenig erforschte technische Entwicklung. Die Männer und Frauen, die ihre Entwicklung vorantreiben, wollen nicht in erster Linie die Welt retten – auch wenn sie manchmal so tun. Ihr Interesse ist, wissenschaftliche Ehre zu erwerben oder viel Geld zu verdienen. Oder beides auf einmal. Dagegen ist ja auch nichts einzuwenden. Nur: Solche Menschen brauchen Kontrolle. Sie sind nämlich in Gefahr, die Augen vor den Risiken zu verschließen, die «ihre» neue Technik mit sich bringt.

* Eine wissenschaftliche Studie des Umweltbundesamtes zu diesem Thema findet sich unter: www.rrz.uni-hamburg.de/BIOGUM/agbiosich.htm

Die Gentechnik-Kritiker erfüllen also eine sehr wichtige
Funktion. Sie bremsen eine technische Entwicklung, die
sonst wahrscheinlich viel zu schnell fortschritte. Sie weisen
auf Gefahren hin. Sie fordern Kontrollen, wo sonst nicht kontrolliert würde. Vielleicht bringen sie die Regierungen und
Verbraucher sogar dazu, sich endlich eine der Kernfragen
unserer technisierten Welt zu stellen: Wollen wir das überhaupt?

Ich denke: Von wohlschmeckenden, haltbaren Tomaten hätten wir etwas – aber die könnte man wahrscheinlich auch mit
konventioneller Züchtung erzeugen. Vielleicht wären auch
robustere, ertragreichere Reis- oder Weizensorten ein Segen.
Vorausgesetzt, sie sind für den Anbau in Entwicklungslän-
dern geeignet. Dann könnten sie unter Umständen vielen
Menschen Nahrung verschaffen. Allerdings dürften solche
sinnvollen neuen Gentechnikpflanzen erst in den Verkehr
gebracht werden, wenn ihre Hersteller glaubhaft machen
können, dass wirklich keine nennenswerten Gefahren von
ihnen ausgehen.

Auf viele genmanipulierte Gewächse – existierende und ge-
plante – können wir aber ohne weiteres verzichten. Besonders auf so ekelhafte Dinge wie etwa Nutzpflanzensamen, die
heranwachsen wie alle anderen – dann jedoch keine normalen Samen bilden, sondern solche, die sich beim Keimen
selbst abtöten. Eine große amerikanische Chemie- und Saat-
zuchtfirma will solche Pflanzen herstellen. Dann könnten
sich die Landwirte nicht mehr einfach einen Teil ihrer Ernte
wieder aussäen, wie es zurzeit zum Beispiel viele Sojabohnen-
Anbauer tun. Sie wären stattdessen gezwungen, jedes Jahr
neues Saatgut zu kaufen. Besonders für Bauern in armen
Ländern könnte das den Ruin bedeuten.

Köstliche künstliche Natur?

Genug von den Geistern, die wir vielleicht nicht loswerden!
Kaufen wir uns einen Joghurt, Geschmacksrichtung «Kirsch»;
das klingt nach leckeren Früchten. Tatsächlich sind auch echte
Kirschen drin, allerdings so wenige, dass sie wohl kaum für
den intensiven Fruchtgeschmack verantwortlich sein können.
Zauberei? Ein Blick auf die winzig klein gedruckte Zutaten-
liste ist in solchen Fällen aufschlussreich: Auf Platz 4 – nach
Joghurt, Zucker und Früchten – steht «Aroma». «Aroma» ist
wohl billiger und praktischer, als richtige Kirschen es sind …
Stimmt genau. Wer die Zutatenlisten industriell hergestellter
Lebensmittel liest, der weiß: Diese Produkte enthalten sehr
oft Dinge, die wir eigentlich nicht in ihnen vermuten würden. Denn wir Menschen beherrschen heute die zweifelhafte
Kunst, pflanzliche (und natürlich auch tierische) Lebensmittel zu imitieren. Das passende Wort dazu stammt von der
Firma Nestlé: Schon 1986 sah das Unternehmen das Zeitalter
der «künstlichen Natürlichkeit» anbrechen. Wir bilden uns
ein, Früchte, Blätter, Stängel und Wurzeln zu verzehren –
Natur pur. In Wirklichkeit essen wir gar keine Pflanzenteile,
sondern ein aus allen möglichen Rohstoffen zusammenge-
mischtes Imitat derselben.
«Natürliche Aromen» zum Beispiel werden oft aus speziellen
Schimmelpilzkulturen gewonnen. «Naturidentische» oder
solche ohne weitere Angabe werden in Chemielabors zusam-
mengebraut. Eine Kirsche duftet und schmeckt nach einer
ganzen Reihe von Stoffen. Dazu enthält sie – wie alle Früchte
und Gemüse – Inhaltsstoffe, die offensichtlich die menschliche Gesundheit fördern. Ein Aroma dagegen besteht normalerweise aus einer einzigen chemischen Substanz. Wir
schätzen seinen Geschmack wahrscheinlich deshalb, weil er
unter natürlichen Bedingungen auf all die guten Sachen hinweist, die in essbaren Pflanzen enthalten sein können. Aber
im Falle des Aromas ist das nichts als Illusion.

Die Menschen, die sich solche Dinge ausdenken und uns
schmackhaft zu machen versuchen, nennt man «Food-
Designer». Auf Deutsch hieße das «Essens-Gestalter». Kürzlich haben sie angefangen, statt Fruchtgeruch und -ge-
schmack gleich ganze Fruchtstückchen nachzumachen. Die
Kunstfrüchte bestehen aus Sirup, Algen, Wasser, Konservie-
rungsmittel, Farbstoff und Aroma. Sie werden für Müslirie-
gel, Gebäck, Fruchtjoghurt und Eiscreme verwendet.
Man kann dazu natürlich stehen, wie man will. Man kann
sich sogar dafür entscheiden, der Industrie einfach blind zu
vertrauen und brav alles zu schlucken, was sie uns vorsetzt.
Wer aber gern weiß, was er seinem Körper einverleibt, der
kann anfangen, die klein gedruckten Zutatenlisten zu lesen.
Er kann sich Infobroschüren über die Bedeutung der Wörter
besorgen, die dort auftauchen. Und sich in Zukunft nicht nur
bei Gentechniklebensmitteln die Frage stellen: Will ich so
etwas wirklich essen?

18. Multikulti

Mitteleuropa als Pflanzen-Einwanderungsland

«Turn and run, nothing can stop them» – «Dreh dich um und lauf weg, nichts kann sie aufhalten» –, so besang die Rockgruppe Genesis 1971 die Herkulesstauden, die auch als Riesenbärenklau bekannt sind. Der Song entstand, nachdem mehrere Kinder in Großbritannien vergiftet wurden. Sie hatten aus den hohlen Stängeln der Staude Blasrohre gebastelt. Woher sollten sie auch wissen, dass man diese schöne und eindrucksvolle Pflanze besser nicht berührt? Dann sondert sie einen Saft ab, und der gelangt auf die Haut. Danach geschieht zunächst nichts. Fällt jedoch Sonne auf die betroffenen Hautpartien, dann entsteht – möglicherweise erst Tage später – etwas, das einer schweren Verbrennung ähnelt. Die Entzündungen und Blasen heilen erst nach Wochen ab und hinterlassen hässliche Narben.

Die Herkulesstaude stammt aus dem Kaukasus-Gebirge. Sie ähnelt unserem Wiesenbärenklau, wird jedoch wesentlich größer – bis zu vier Meter hoch. Um 1890 ist sie zum ersten Mal nach Mitteleuropa gelangt. Seitdem säen Gartenbesitzer und Imker sie immer wieder an. Die Bienenzüchter schätzen ihre in großen Dolden angeordneten weißen Blüten, weil sie eine gute Bienenweide sind. Bei uns wächst der Riesenbärenklau in Parkanlagen und Gärten, verwildert auf Wiesen, an Wegrändern sowie an Fluss- und Bachufern.*

Heute versuchen viele Menschen, den Riesenbärenklau aus ihrer Gemeinde, ihrem Park, ihrem Garten zurückzudrängen. Viele von ihnen sind botanisch gebildet, viele verstehen sich als Naturschützer. Sie würden nie darauf kommen, hochgiftige einheimische Gewächse wie den Fingerhut, den Gefleckten Aronstab, die Herbstzeitlose, den Schwarzen Nachtschatten oder die Eibe auszurotten.

Wenn sie von ihrem Kampf gegen die Staude berichten, fallen

---

* Bilder und weitere Informationen unter:
freespace.virgin.net/shaun.bark/hogweed.htm (englisch)

einige von ihnen in eine merkwürdige Sprache. Sie verwenden Ausdrücke, die – handelte es sich um Menschen und nicht um Pflanzen – kaum einer in den Mund nehmen würde: Die Herkulesstaude sei «ein großes Übel», gar ein «übermächtiger Horror», und «eindeutig unerwünscht». Sie bedrohe nicht nur wehrlose Kinder, sondern verdränge auch andere einheimische Gewächse. Deshalb: «Kopf ab.» (Das ist ein Originalzitat aus dem Flugblatt einer Freiburger Bürgerinitiative!)

Natürlich sind Pflanzen keine Menschen. Ihnen steht kein Asyl zu, und ein Riesenbärenklau-Wäldchen neben einem Kinderspielplatz würde wohl jeder mit der nötigen Vorsicht zu beseitigen versuchen. Aber was bringt die Gegner der Herkulesstaude und anderer verwilderter Pflanzen dazu, ein derart aggressives Vokabular zu verwenden? Warum sagen und schreiben friedliche Botaniker plötzlich Sätze, die an ausländerfeindliche Parolen erinnern? Lehnen sie manche Pflanzen vielleicht nur deshalb ab, weil sie zugewandert sind?

In der Tat. Über grüne «Immigranten», die wie der Bärenklau neue Länder besiedeln, wird überall in der Welt heftig gestritten. Verdrängen sie die alteingesessene Flora? Oder sind sie harmlos, vielleicht sogar eine Bereicherung? Muss man sich schämen, Exoten wie zum Beispiel Indisches Springkraut oder die chinesische Forsythie in seinem Garten stehen zu haben? Können sie ausbrechen und Schaden anrichten? Sollte man sie nicht eigentlich ausreißen, abholzen, verbrennen, weil sie fremdländisch sind?

Pauschal lassen sich all diese Fragen nicht beantworten. Denn jedes Gewächs hat seine Eigenheiten, und jedes von Fremdlingen besuchte Ökosystem ebenfalls. Ein europäischer Wald ist auf andere Weise empfindlich als ein australischer oder ein südamerikanischer. Denn jeder besteht ja aus ganz eigenen Pflanzen – eben der viel besprochenen, nach Meinung der meisten Fachleute schützenswerten «heimischen Vegetation». Sie ist uralt. Genauer gesagt: Die Gewächse auf den verschiedenen Kontinenten gehen zum Teil seit 200 Millionen Jahren eigene Entwicklungswege. Damals nämlich begann der riesige Urkontinent Pangea, der die einzige Erdmasse unseres Planeten bildete, auseinander zu brechen. Er bildete den Nordkontinent Laurasia und den Südkontinent Gondwanaland.

Zu dieser Zeit gab es schon Moose, Bärlappe, Schachtelhalme, Farne, nacktsamige Blütenpflanzen und die allerersten Vorläufer der bedecktsamigen Blütenpflanzen.*

Der Bruch Pangeas spaltete sie auf. Die Gondwana-Pflanzen und die Laurasia-Pflanzen trieben gleichsam auf riesigen Erdschollen voneinander fort. Später brachen diese Boote weiter auf, und etliche von ihnen kollidierten mit anderen Landmassen. So entstanden im Laufe der Jahrmillionen aus Laurasia Nordamerika und die Teile Europas und Asiens, die nördlich von Alpen und Himalaya liegen. Aus Gondwanaland wurden Südamerika, Afrika, die Antarktis, Indien und Australien.

Die Gewächse auf den neu entstandenen Erdteilen waren plötzlich isoliert. Sie konnten sich nicht mehr mit ihren ehemaligen Nachbarn kreuzen und entwickelten sich unabhängig voneinander weiter. Sie passten sich auf ihre je eigene Art an Klimaschwankungen, trockene Hitze, feuchte Düsternis, klirrende Winterkälte, kargen oder nahrhaften Boden an.

Mit der Zeit entwickelten sich so für die jeweilige Landmasse charakeristische Pflanzenarten. Rhododendren zum Beispiel entstanden offensichtlich erst nach der Spaltung des Urkontinents. Denn ihre Wildformen sind in Nordamerika, Europa, Eurasien und Südostasien verbreitet – alles Länder, die aus Laurasien entstanden sind. In den Ländern, die einst zu Gondwana gehörten, kommen Rhododendren hingegen nicht wild vor.

Die natürliche Verteilung der grünen Gewächse auf unserem Planeten ist also das vorläufige Endergebnis eines Zusammenspiels zwischen Kontinentalbewegung, Pflanzenevolution

---

* Ihre Entstehungsgeschichte ist in Kapitel 14 beschrieben.

und anderen Faktoren – etwa dem Klima. «Gerecht» ist es
dabei allerdings nicht zugegangen. Es gibt winzige Gebiete,
etwa die Südwestspitze Südafrikas, in denen Unmengen nur
an dieser Stelle vorkommende Arten gedeihen. Außerdem
große Zonen unvorstellbarer Pflanzenvielfalt, etwa die Tro-
pen Mittel- und Südamerikas.

Andere Regionen haben eine weniger reichhaltige Flora. Zu
ihnen zählt etwa die Antarktis – ein eisiger Ort, an dem wohl
kaum jemand viel mehr als ein paar Flechten und Algen erwartet. Was dagegen die meisten Menschen überrascht, ist die
Tatsache, dass auch in Mittel- und Nordeuropa vergleichsweise wenig Pflanzenarten heimisch sind. In Deutschland
zum Beispiel kennen wir 3242 verschiedene wild lebende
Blütenpflanzen. Das sind nur 1,4 Prozent der zur Zeit bekannten 235 000 Blütenpflanzen der Erde. Wer bei uns auf
wächst, bekommt also keine zutreffende Vorstellung davon,
wie reichhaltig die Pflanzenwelt anderswo, zum Beispiel in
einem Regenwald, sein kann!

Mit unserem derzeitigen Wetter hat dieser bedauerliche Man-
gel nichts zu tun. Menschen in vergleichbaren Klimazonen
Nordamerikas können sich an einer viel größeren Anzahl
verschiedener heimischer Blumen, Kräuter und Bäume
erfreuen. An unserer Pflanzenarmut sind vielmehr die in
West-Ost-Richtung verlaufenden Gebirge Südeuropas und
die Eiszeit schuld.

Sie begann vor etwa 1,5 Millionen Jahren. Von diesem Zeit-
punkt an erlitt die nördliche Erdhalbkugel ein sehr langes
Wechselbad von Kalt- und Warmzeiten. In den Kälteperioden
drängten sich bis zu 1000 Meter dicke Gletscher nach Süden.
Wurde es wärmer, dann wichen sie wieder zurück.

Erst vor ungefähr 10 000 Jahren verschwanden die Eismassen
weit in den Norden. Sie hinterließen eine zerstörte Land-
schaft. Zum Teil war sie blank gehobelt, zum Teil mit Schot-
termassen bedeckt. Pflanzen, die einst hier gelebt hatten,
waren verschwunden. In Gebieten, die nicht von den Glet-

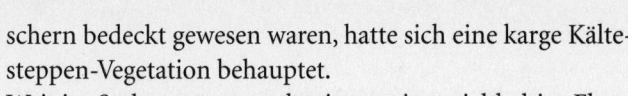

schern bedeckt gewesen waren, hatte sich eine karge Kälte-
steppen-Vegetation behauptet.

Weit im Süden grünte nach wie vor eine reichhaltige Flora.
Diese Bäume, Kräuter, Farne und Moose – unter ihnen auch
«Eiszeit-Flüchtlinge» – machten sich nach den Vereisungen
in Richtung Norden auf. Sie besiedelten die vom Eis hinter-
lassene Wüste neu.

In Nordamerika war das einfach. Die Rocky Mountains verlaufen in Nord-Süd-Richtung; sie standen deshalb der Wie-
derbesiedlung nicht im Wege. In Europa dagegen mussten die
grünen Wanderer irgendwie über die Alpen, das französische
Zentralmassiv oder die Pyrenäen kommen. Und das ist, wie
man sich vorstellen kann, für Samenkörner gar nicht so einfach.

Manche Pflanzenarten schafften es, in Fluss- oder Bachtälern
nach Norden vorzudringen. Einige wurden von günstigen
Winden verweht, andere im Fell wandernder Tiere ver-
schleppt. Wieder andere konnten sich vielleicht an die Füße
oder Federn von Zugvögeln heften oder reisten in deren Mä-
gen. Doch insgesamt gelang es eher wenigen Pflanzenarten,
sich dauerhaft in Nordeuropa zu verwurzeln. (Übrigens wäre
es den Pflanzen selbst ohne die störenden Gebirge unmöglich
gewesen, bei uns wieder eine blühende Vielfalt wie in manchen Gefilden der Südhalbkugel zu schaffen. Denn erd- und
vegetationsgeschichtlich gesehen sind 10 000 Jahre ein lächer-
lich kurzer Zeitraum!)

Von legalen Einwanderern, Gartenflüchtlingen und blinden Passagieren

Mit der kurzen Wiederbesiedlungszeit hängt eine weitere Be-
sonderheit der mitteleuropäischen Pflanzenwelt zusammen:
Sie ist fast von Beginn an stark vom Menschen beeinflusst
worden. Denn die grüne Invasion fand natürlich nicht von

heute auf morgen statt. Sie dauerte Jahrtausende. Und noch während dieser Zeit begannen die Steinzeitmenschen in Mitteleuropa mit dem Ackerbau.

Sie rodeten, pflügten, säten – und zogen alle paar Jahrzehnte weiter. Fachleute nehmen an, dass unsere Vorfahren damit unter anderem der Buche und der Hasel den Boden bereiteten. Ihre Aktivitäten waren der Beginn einer fast vollständigen Bewirtschaftung des Bodens, die bei uns die Lebensbedingungen der meisten Gewächse prägt. Mit den Menschen der Frühsteinzeit kamen auch Kulturpflanzen ins Land, etwa kleine Wildäpfelchen und vielleicht die herben, harten Holzbirnen. Getreide- und Gemüsesamen reisten im Gepäck mit, etwa die Urformen des Weizens sowie Linsen und Lein. Darunter gemischt befanden sich die Samen vieler Wildkräuter, zum Beispiel von Kornblume, Klatschmohn und Echter Kamille – heute rechnen wir alle drei selbstverständlich zur heimischen Flora.

Jahrtausende später traten die Römer ihren Siegeszug nach Norden an. Durch sie wurden unter anderem Wein, Esskastanien, Pflaumen, Sauerkirschen und Küchenzwiebeln bei uns eingeführt. Wieder zogen Wildkräuter mit. Unsere Wildtulpe zum Beispiel ist mit den Weinreben eingewandert. Sie gedeiht noch heute in alten Weinbaugebieten.

Und so weiter. In der Geschichte der mitteleuropäischen Pflanzenwelt folgt eine Einwanderungswelle auf die andere. Nachdem Kolumbus Amerika entdeckt hatte, kamen nach und nach auch viele Pflanzen der Neuen Welt zu uns. Unter ihnen sind Mais und Kartoffeln, Gemüse wie Tomaten oder grüne Bohnen, Bäume wie Douglasien, Robinien, Roteichen und Sitkafichten.

Das Interesse an fremdländischen Gewächsen wuchs ständig. Im 19. Jahrhundert begann der internationale Pflanzenhandel zu boomen. Damals kamen zentral- und ostasiatische Gewächse in Mode. Händler importierten sie in großer Zahl. Heute wachsen in Europa allein 900 verschiedene Bäume und Sträucher aus dieser Weltgegend. Besonders beliebt sind die gelben Forsythien, die rosa oder blau blühenden Hortensien, das Tränende Herz und der «Schmetterlingsstrauch» Buddleja.

Fachleute schätzen, dass im Laufe der Jahrhunderte 12 000 verschiedene Pflanzenarten nach Europa gelangt sind. Und immer noch kommen Jahr für Jahr neue dazu. Jene Bäume, Sträucher oder Stauden, die jemand bewusst auf große Fahrt schickt, fahren oder fliegen komfortabel: in Töpfen verwurzelt, manchmal von Klimaanlagen verwöhnt, bewässert, belichtet, gehätschelt. Auch legal reisende Samenkörner finden meist gute Bedingungen vor. Man lagert sie trocken, damit sie nicht vorzeitig keimen. Manchmal kühlt oder erwärmt man sie auf ihre bevorzugte Temperatur.

Ganz anders ergeht es den blinden Passagieren. Oft sind sie als Samenkörner unterwegs. Sie kleben unter Schuhsohlen, haften an Pullovern, wandern gerade durch einen Verdauungstrakt, klemmen hinter Rohren und Verkleidungen, dümpeln im Ballastwasser von Ozeanriesen, werden zufällig in irgendwelche Container oder Säcke verpackt.

Keiner kümmert sich um ihr Wohlergehen. Trotzdem überleben sie in großer Zahl. Oft keimen sie in der Umgebung von Häfen und Flughäfen. Viele von ihnen gehen irgendwann wieder ein. Doch andere Neueinwanderer etablieren sich und erobern eigenes Terrain. Auch manche der absichtlich eingeführten Pflanzen schaffen den Absprung in die freie Natur; Botaniker nennen sie allen Ernstes Garten- oder Parkflüchtlinge.

Die Kanadische Goldrute zum Beispiel ist ein typisches Gewächs unserer Brachländer geworden. Im Sommer verwandelt sie Trümmergrundstücke oder ungenutzte Gleisanlagen in gelbe Blütenmeere. Die schon erwähnte Herkulesstaude, das Indische Springkraut und der ostasiatische Staudenknöterich können Bach- und Flussufer zuwuchern. Selbst unsere Forsythien haben das Verwildern gelernt: 1974, achtundacht-

zig Jahre nach ihrer Einführung aus China, fand ein Botaniker in Berlin die ersten unabhängig von Menschen wachsenden Exemplare.

Sind Reisepflanzen gefährlich?

Bei uns regt so etwas – anders als in anderen Weltgegenden –
die meisten Fachleute nicht allzu sehr auf. Sie wissen: Erstens
ist Mitteleuropa seit zehntausend Jahren Pflanzeneinwande-
rungsland. Zweitens ist unsere Natur vor allem durch
menschliche Aktivitäten bedroht.*
Und drittens scheint die mitteleuropäische Flora besser gegen
Fremdlinge gewappnet zu sein als zum Beispiel die letzten
neuseeländischen Urwälder oder der ostafrikanische Vik-
toriasee. Das liegt wohl daran, dass die Gewächse, die sich
nach der Eiszeit bei uns etabliert haben, zum größten Teil
eher zäh sind. In ihrer natürlichen Umgebung können sich
viele von ihnen deshalb gut gegen Eindringlinge behaupten.
Die unangenehm brennende Herkulesstaude etwa hält ihren
Siegeszug vor allem dort, wo der Mensch die ortstypischen,
natürlichen Lebensgemeinschaften zerstört hat. Das ist zum
Beispiel an befestigten, begradigten Flüssen oder Bächen der
Fall. Gestattet man dem Wasserlauf, sich wieder wie einst zu
schlängeln und bei Gelegenheit seine Auen zu überfluten,
dann zieht die Riesenstaude sich zurück.
Wer also etwas für die heimische Natur tun will, der kämpfe
nicht gegen fremde Pflanzen. Stattdessen schließe er oder sie
sich einer Gruppe an, die Bachläufe renaturiert und Feucht-
wiesen schützt. Und wer das Glück hat, selbst ein Stück Land
bepflanzen zu dürfen, sollte Folgendes bedenken: Naturnahe
Gärten können Schutz- und Rückzugsräume für manches
bedrohte heimische Gewächs sein; Gärten, die in erster Linie
aus Exoten bestehen, sind dagegen eher so etwas wie ein
Museum.

* Siehe Kapitel 15

Bäume, Büsche und Blumen aus fremden Ländern sind oft wunderschön anzusehen. Aber sie haben einen gravierenden Nachteil: Anders als einheimische oder seit sehr langer Zeit eingebürgerte Gewächse sind sie meist nur locker ins ökologische Netz eingebunden. Das heißt zum Beispiel, dass nur sehr wenige Insekten an ihnen fressen oder ihren Nektar saugen. Und dass man den Insekten verzehrenden Singvögeln oft ebenso gut einen Plastikstrauch oder einen Strauß Seidenblumen hinstellen könnte.

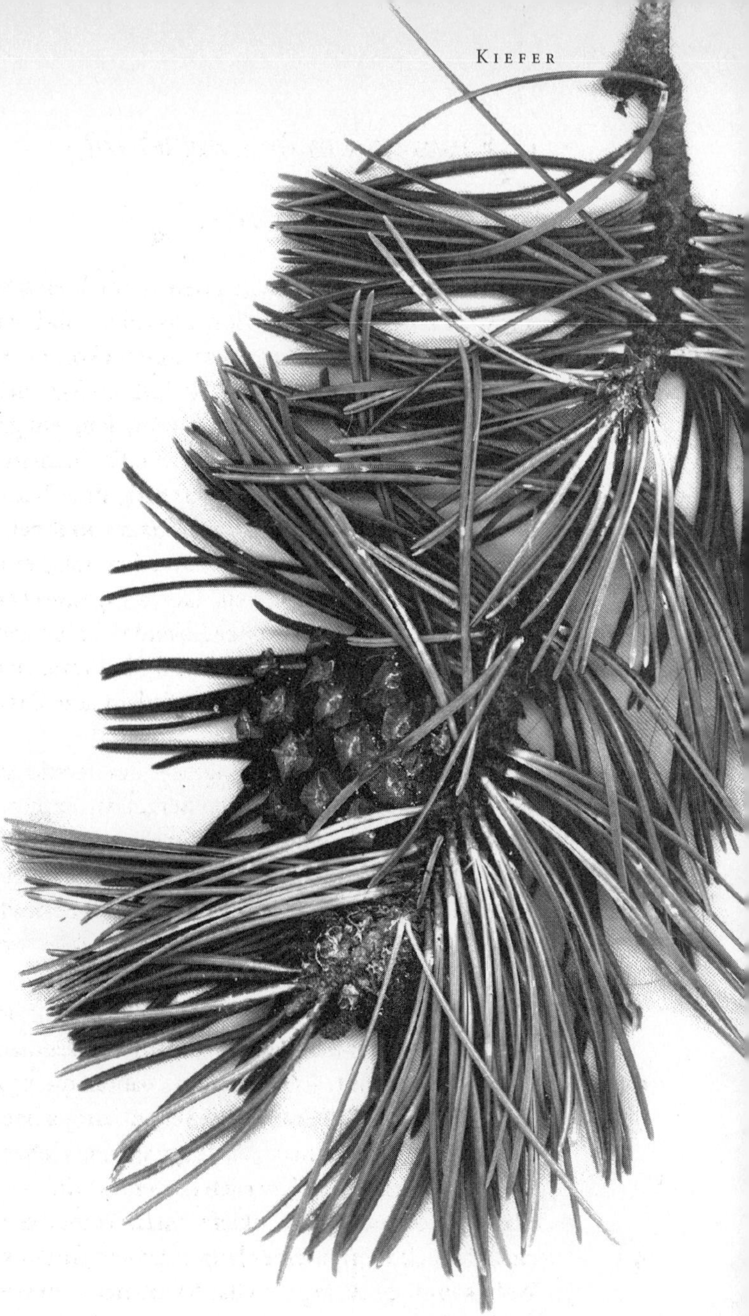

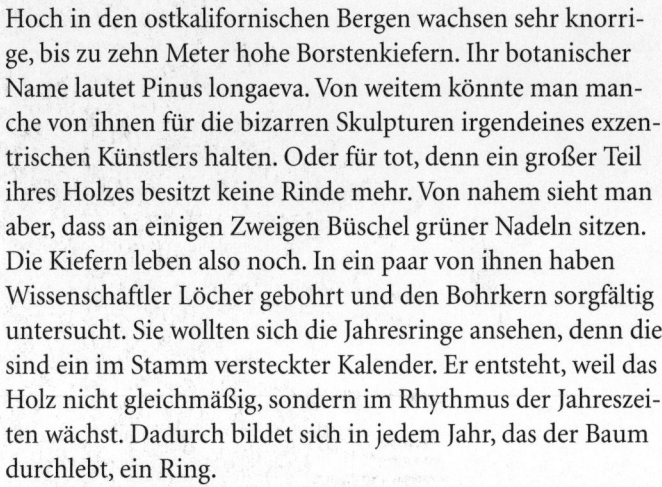

19. Bäume, wollt ihr ewig leben?

Regeneration, Alter und Tod

Hoch in den ostkalifornischen Bergen wachsen sehr knorrige, bis zu zehn Meter hohe Borstenkiefern. Ihr botanischer Name lautet Pinus longaeva. Von weitem könnte man manche von ihnen für die bizarren Skulpturen irgendeines exzentrischen Künstlers halten. Oder für tot, denn ein großer Teil ihres Holzes besitzt keine Rinde mehr. Von nahem sieht man aber, dass an einigen Zweigen Büschel grüner Nadeln sitzen. Die Kiefern leben also noch. In ein paar von ihnen haben Wissenschaftler Löcher gebohrt und den Bohrkern sorgfältig untersucht. Sie wollten sich die Jahresringe ansehen, denn die sind ein im Stamm versteckter Kalender. Er entsteht, weil das Holz nicht gleichmäßig, sondern im Rhythmus der Jahreszeiten wächst. Dadurch bildet sich in jedem Jahr, das der Baum durchlebt, ein Ring.

Es war schwierig, die Jahresringe der Borstenkiefern zu zählen, denn das Klima dort in den Bergen ist extrem. Die Winter sind überaus kalt, die Sommer sehr trocken. Deshalb waren die Bäume in manchen Jahren fast gar nicht gewachsen. Außerdem konnten die Forscher nur schwer entscheiden, wo genau die Stammmitte lag, bis zu der sie zählen wollten – die Kiefern waren dazu viel zu verformt.

Dennoch waren sie sich nach langer Kleinarbeit sicher: Einige der Borstenkiefern sind über viertausendsechshundert Jahre alt! Das heißt, als sie keimten, bauten die Ägypter gerade die allerersten Pyramiden, und in Europa hatte eben die Bronzezeit begonnen. Wie lange sie noch leben werden? Keiner weiß es. Doch sicherlich länger als wir.

Was uns wohl eine Borstenkiefer raten würde, wenn wir sie nach dem Geheimnis eines langen Lebens fragen könnten? Wohl kaum, jeden Tag ein Glas Karottensaft zu trinken oder regelmäßig Sport zu treiben. Ihr Rat würde eher lauten, sich

Wurzeln, Stamm und Blätter zuzulegen. Denn in der Konstruktion der Pflanzen liegt etwas, das ihnen ermöglicht, sehr lange lebendig zu bleiben. Und einige Arten realisieren diese Möglichkeit auch.

Stellen wir uns den Embryo eines Menschen vor. Er hat Herz, Lunge, Nieren, Hoden oder Eierstöcke, Gehirn, Kopf, zwei Beine, zwei Arme, zwei Hände, zehn Finger und was sonst noch so dazugehört. Es ist bereits alles vorhanden, was einen vollständigen Homo sapiens ausmacht. Beim Samenkorn eines Baumes ist das ganz anders. Zwar kann man in ihm Sprossachse, Keimblatt und Wurzel erkennen – aber es sind dort längst nicht alle Blätter, Äste und Seitenwurzeln angelegt, die der erwachsene Baum haben wird. Auch Blüten sind im Samenkorn noch nicht zu finden.

Alle diese «Organe» werden erst nach und nach im Leben eines Baumes ausgebildet. Man könnte sagen: Der Baum behält eine embryonale Kunstfertigkeit, die wir verlieren. Wären Menschen in diesem Punkt geartet wie Bäume, dann könnten sie bei Bedarf jederzeit neue Herzen, Lebern, Augen, Beine oder Arme bilden. In schlechten Zeiten könnten sie unpassende Organe abwerfen wie Herbstblätter. Oder bis auf einige geschützte Teile ganz absterben wie viele unserer Stauden.

Von jungen Trieben und uralten Klon-Kreisen

Uns fällt die besondere Regenerationsfähigkeit vieler Pflanzen normalerweise nicht auf. Doch manchmal wundern wir uns doch, wie viel Jugend in einem Baumgreis stecken kann – etwa wenn aus dem hundertjährigen Stumpf einer gefällten Eiche Knospen hervorbrechen, aus denen neue Triebe schießen. Die Verjüngung ist möglich, weil der Baum so genannte «Bildungsgewebe» besitzt. Das sind Gruppen von Zellen, die sich nicht unwiderruflich spezialisiert haben. Sie sind teilungsbereit geblieben oder können wieder teilungsbereit wer-

den. Unter der Rinde warten sie nur darauf, Wunden zu überwallen oder neue Organe hervorzubringen. Das ist sehr sinnvoll, wenn man bedenkt, wie oft Pflanzen durch Wind oder hungrige Tiere verstümmelt werden. (Wir Menschen besitzen ein ähnliches Zellsystem, doch es dient leider nur dem Wundverschluss.)

Unsere Gärtnerinnen und Gärtner nutzen die pflanzliche Regenerationsfähigkeit nach Kräften. Sie kappen Heckensträucher, damit junge dichte Triebe nachwachsen. Setzen sie Bäume und Sträucher um, dann kürzen sie die Wurzeln, damit die Pflanzen schneller anwachsen können. Außerdem gibt es eine beeindruckende Reihe von Techniken, um aus einer Mutterpflanze Scharen kleiner Pflänzchen zu gewinnen: Man schneidet Triebspitzen, Ast- oder Wurzelstückchen zurecht und setzt sie in Erde. Die Stecklinge wachsen zu vollständigen Pflanzenkindern heran und können verkauft werden.

So direkt – ohne dass erst Samen hergestellt werden müssten – entstehen auch in der Natur viele Jungpflanzen. Erdbeeren bilden Ausläufer. Von den Zwiebeln der Krokusse und Schneeglöckchen spalten sich winzige Tochterzwiebeln ab. Die Wasserpest bricht einfach auseinander. Büsche wie zum Beispiel die Johannisbeeren bilden Wurzeln und neue Triebe aus Ästen, die zufällig den Boden berühren. Bei anderen Holzpflanzen sprießen neue Triebe aus den Wurzeln hervor. Bei diesen Vermehrungsarten haben die Tochterpflanzen die gleiche genetische Ausstattung wie ihre «Mutter». Einen Vater, der neue Erbgutvarianten einbringen könnte, gibt es ja nicht. In der Fachsprache sagt man: Sie sind ein Klon. Uns Menschen bringt so etwas bei näherer Betrachtung unweigerlich in weltanschauliche Schwierigkeiten. Eigentlich sind Mutter und Töchter ja identisch. Oder doch nicht? Wüchse einem von uns ein genetisch völlig gleicher Ableger aus Hüfte oder Zeh, dann würden wir ihn wohl als eigenes Wesen betrachten. Er oder sie hätte ja ein selbständiges Hirn, also ein eigenes Bewusstsein. Pflanzen aber haben kein Bewusstsein – oder zumindest keines, das wir heute lokalisieren könnten.

Und sie bilden ohnehin ständig neue Äste, Blätter, Blüten und Wurzeln. Also kann man mit Fug und Recht sagen: Auf gewisse Weise ist jeder Pflanzenklon eine Pflanze. Ein nachdenklicher Mensch hat deshalb einmal vorgeschlagen, Mitglieder eines Pflanzen-Klons «Dividuen» zu nennen – also «Teilbare» im Gegensatz zum unteilbaren Individuum. Bleiben die Klone zusammen, dann können wir ihre einzige, doch teilbare Identität sogar nachempfinden.

Die bei Regen angenehm duftenden Kreosotbüsche zum Beispiel, die in der südkalifornischen Mojave-Wüste merkwürdige Kreise bilden, sind solche nah beieinander lebenden Klone: Jeder Ring ist aus einem einzigen Busch entstanden. Jedes Mal, wenn es extrem trocken war, ist die alte Pflanze abgestorben. Kehrte der Regen zurück, dann haben die nach außen gerichteten Teile der Wurzeln wieder ausgeschlagen – und der Kreis ist etwas gewachsen.

Der größte bekannte Kreis hat einen Durchmesser von 15 Metern. Er muss uralt sein. Wahrscheinlich keimte er vor knapp zwölftausend Jahren. Noch älter könnte ein Klon eines sehr seltenen tasmanischen Busches sein: Lomatia tasmanica. Dieser Busch kann anscheinend gar keine Samen bilden. Stattdessen vermehrt er sich durch Wurzelausläufer. Manche Fachleute vermuten, dass die so entstandenen Dickichte mindestens dreiundvierzigtausend Jahre alt sind!

Seit die kalifornischen und tasmanischen Büsche entdeckt wurden, ist es eine Frage der Weltanschauung, wo die ältesten Lebewesen der Erde wachsen. Wer nur Einzelpflanzen gelten lässt, nennt die Borstenkiefern. Das ist sozusagen eine konservative Sicht, denn bis Ende der siebziger Jahre zogen die Experten Merkwürdigkeiten wie Busch-Klone gar nicht in Betracht. Lässt man dagegen Geklonte am imaginären Rekordwettbewerb teilnehmen, dann geht der Titel «ältestes Lebewesen» wahrscheinlich nach Tasmanien.*

---

* mehr botanische Rekorde unter: daphne.palomar.edu/wayne/ww0601.htm (englisch)

Überlebenstricks und Tod nach Plan

Ob solche langlebigen grünen Klone irgendwann eines natürlichen Todes sterben müssen, können wir nicht voraussehen. Nach allem, was wir heute über pflanzliche Lebensspannen wissen, muss es aber nicht unbedingt so sein. Man sehe sich nur einmal an, warum sehr alte Einzelbäume eingehen. Sie verlieren ihre Lebenskraft nicht etwa deswegen, weil ihre neuen Blätter oder Ästchen nicht mehr so fit sind wie anno dazumal.

Nein: Sie kränkeln und vergehen, weil die Kapazität der Leitungsbahnen ihres alten, vielleicht schon zum Teil abgestorbenen Stammes nicht mehr ausreicht. Oder weil sie nicht mehr genug Blätter unterbringen können, um den Nährstoffhunger ihrer stetig an Masse zunehmenden nichtgrünen Teile zu stillen. Klonpflanzen dagegen bilden immer wieder neue Kopien ihrer selbst. So umschiffen sie die Probleme der Einzelbaum-Veteranen.

So viel zu den grünen Langlebigkeitskünstlern. So interessant sie sein mögen – die Masse der Pflanzen machen sie nicht aus. Die hat, was Lebensspannen angeht, ganz andere Strategien. Viele Kräuter zum Beispiel sterben Winter für Winter oder Trockenzeit für Trockenzeit. Vorher haben sie Samenkörner gebildet, die in besseren Zeiten keimen. Andere Gewächse, etwa die Petersilie, blühen und fruchten und sterben im zweiten Jahr ihrer Existenz.

Manche haben noch längere Lebenszyklen. Man denke nur an den Bambus, der vor einiger Zeit etliche Gartenbesitzer zur Verzweiflung gebracht hat. Bambus blüht alle zehn bis 100 Jahre, bildet Samen und geht dann meistens ein. Jede Art scheint ihren eigenen Rhythmus zu haben. Der weltweit angepflanzte Gartenbambus Fargesia murielae war 1997 so weit. Viele Menschen verloren plötzlich und unerwartet ihre geliebten, auch im Winter dichten Sichtschutzpflanzungen. Das hatten die Verkäufer in den Gartencentern ihnen nicht

gesagt! (Konnten sie auch nicht – sie hatten das Ereignis
ebenso wenig vorausgeahnt wie die Bambus-Fachleute.)*
Manche Bambusbesitzer haben damals versucht, die Unheil
verkündenden Knospen möglichst bald nach ihrem Erscheinen abzukneifen. Der Trick hat aber leider nicht funktioniert – in diesem Falle, muss man sagen. Das Leben anderer
Pflanzenarten aber lässt sich in der Tat auf diese Weise ver-
längern. Die Pflanzkästen von Balkonbesitzern etwa, die
regelmäßig verblasste oder welke Blüten entfernen, bleiben
meist sehr viel länger bunt.

Ähnliche gärtnerische Erfahrungen dürften dem Märchen
von John und dem bis zum Himmel wachsenden Bohnen-
stängel zugrunde liegen: Die Lebensspanne von Bohnen,
Erbsen und Sojabohnen wächst, wenn man ihre Blüten oder
jungen Früchte abschneidet. In Fachkreisen kursiert die Geschichte einer Sojabohne, deren Knospen regelmäßig abge-
knickt wurden. Normalerweise werden Sojabohnen etwa
achtzig Zentimeter hoch. Diese aber erreichte eine Höhe von
acht Metern.

Eine Regel lässt sich daraus allerdings nicht ableiten. Mais
und Pfeffer zum Beispiel reagieren genau entgegengesetzt: Sie
altern vorzeitig, wenn sie ihrer Blüten beraubt werden.

Zusammenfassend lässt sich sagen: Pflanzen verhalten sich –
was Alterung und Tod angeht – sehr individuell. Die, die
normalerweise eine festgesetzte Lebensspanne haben, steuern
sie häufig durch Stoffe, die von ihren Blüten oder Früchten
ausgesandt werden. Es sind so genannte Pflanzenhormone,
die auch viele andere pflanzliche Lebensprozesse beeinflussen.

---

* Bilder und Informationen zur Bambusblüte unter:
www.cx.unibe.ch/~solioz/bamboo.html#science

20. Wohnstätten des Heiligen

Religiöse Bedeutungen der Pflanzen

Auf einem Feld nahe dem westirischen Dorf Latoon wuchs ein Weißdornbusch. Er war alt, knorrig, stand ganz allein – und vor allem im Weg. Genau dort, wo er vor langer Zeit gekeimt war, planten die örtlichen Straßenbauer eine neue Umgehungsstraße.

Das kam Eddie Lenihan – einem Experten für irische Folklore – zu Ohren. Er war entsetzt. Jedem, der zuhören wollte, erzählte er, was ein im Dorf ansässiger Bauer ihm anvertraut hatte: Man dürfe den Weißdorn nicht fällen. Er gehöre den Kerry-Elfen. Unter ihm versammelten sich ihre Heere, wenn sie gegen die Elfen von Connacht kämpften. Rund um den Busch finde man manchmal Spritzer ihres weißen Blutes. Bekanntlich sei es sehr gefährlich, Elfen zu erzürnen. Immer, wenn einer ihrer Versammlungsorte Bulldozern und Baggern zum Opfer gefallen sei, habe es auffällig viele Unfälle unter den Arbeitern gegeben. Außerdem sei der Teil der Straße, der über so einem Platz errichtet werde, für immer und ewig ein lebensgefährlicher Ort. Man würde ja sehen, was die Autofahrer davon hätten.

Daraufhin weigerten sich die Straßenbauarbeiter, den Weißdorn auch nur zu berühren. Der leitende Ingenieur verpasste der neuen Straße einen Schlenker, und der Busch durfte weiterwachsen. Das Ganze geschah im Jahr 1999. «Wir Iren mischen uns nicht gerne in Elfendinge ein», kommentierte damals eine Volkskundlerin der Universität Dublin den Vorgang. «Das Leben ist kompliziert genug.»

So etwas geschieht nicht nur in Irland. Überall in der Welt leben Menschen, die daran glauben, dass manche Pflanzen besondere Beziehungen zu übernatürlichen Wesen haben. Religionswissenschaftler, Völkerkundler und Psychologen haben sich Gedanken darüber gemacht. Sie meinen: Wir alle können die Welt und vor allem die Natur erleben, als stünden dahinter Wesen mit eigenem Willen und Gesicht – Elfen, Baumgeister oder Naturgötter. Allein unser kulturelles Umfeld bestimmt, ob und wie wir dieses uralte Talent nutzen, das wahrscheinlich die Grundlage aller Religionen bildet. Wird jemand zum Beispiel bei den «Mahadeo Koli» an der Westküste Indiens geboren, dann lernt er oder sie schon als Kind: Die Haine, die neben den Dörfern gedeihen, dürfen nicht angetastet werden. Sie stehen unter dem Schutz einer Waldgottheit. Stiehlt man ihr nur ein einziges Blatt, dann wird sie zornig. Sie tötet den Frevler oder bestraft seine Familie mit schwerer Krankheit. In Indien haben mehrere tausend solcher grüner Heiligtümer überlebt. Auch in afrikanischen Staaten wie Burkina Faso, Ghana, Gambia und Tansania tasten die Menschen bestimmte Waldreste nicht an, weil sie die darin hausenden Wesen fürchten. Im buddhistischen Tibet gelten Bäume als Wohnstätten von Göttern und Geistern. Äthiopier, Thailänder und Japaner verehren ihre Kloster- und Tempelwälder.

Von Donner- und Marienbäumen

Wie die meisten alten Völker der Erde hätten sich auch unsere Vorfahren über so etwas nicht weiter gewundert. «Nach der Anschauung der Germanen verträgt es sich nicht mit der Erhabenheit der Himmlischen, sie in Tempel einzuschließen und sie menschenähnlich darzustellen», berichtete der römische Geschichtsschreiber Cornelius Tacitus. «Wälder und Haine weihen sie ihnen …» Wir wissen wenig über die damaligen Mythen und Glaubensvorstellungen. Aber es ist zum Beispiel bekannt, dass die Eiche dem mächtigen Donnergott Thor oder Donar zugeordnet war. Die Linde mit ihren herzförmigen Blättern dagegen galt als Wohnstätte der Liebe. Sie gehörte Freya, der Hüterin des Feuers und des häuslichen

Friedens. Man glaubte, dass Freyas Gewächs die Wahrheit ans Licht bringen könnte. Deshalb wurde häufig unter Linden Gericht gehalten.

Der wohl bedeutsamste Baum der germanischen Mythologie war jedoch die Esche. Ein riesiges immergrünes Exemplar namens Yggdrasil breitete seine Äste über das Universum aus. Am Fuß dieser Weltesche befanden sich die Quellen der Weisheit und des Schicksals. An ihren Wurzeln, die sich bis ins Totenreich erstrecken, nagte der Drache Nidhögg. In ihrem Gezweig lebten vier Hirsche, und auf dem Wipfel saß ein riesiger Adler.

Die Esche war auch einer der beiden Bäume, von denen die Germanen ihre Herkunft herleiteten. Ihrer Meinung nach fand Götterkönig Odin, nachdem die Erde geschaffen war, am Strand zwei leblose Stämme. Sie hießen «askr» – Esche – und «embla», was wahrscheinlich Ulme bedeutet. Die Götter beschenkten jeden der Stämme mit Atem, Verstand, Haaren und Gesicht und schufen so das erste menschliche Paar.

Ab dem vierten Jahrhundert unserer Zeitrechnung begann die Christianisierung Europas; um die Jahrtausendwende kam sie in Skandinavien an. Die neue Religion brachte ihre eigenen Mythen mit und ließ keine Naturgötter zu. Folglich versuchten Kaiser, Könige und Kirchenmänner, «heidnischen Zauber» wie Pflanzenanbetung mit Stumpf und Stiel auszurotten.

Der Missionar Bonifatius etwa hackte im Jahr 724 nahe dem hessischen Dorf Geismar höchstpersönlich eine dem Gott Donar geweihte Eiche um. (Dass sie beim letzten Schlag der Axt in vier Teile brach und in Form eines Kreuzes zu Boden fiel, ist wohl nur Legende.) Und Karl der Große wetterte im Jahr 789: «Wegen der Bäume oder Felsen oder Quellen, wo einige törichte Menschen Lichter anzünden oder andere Andachten verrichten, verordnen wir mit allem Nachdruck, dass dieser sehr böse … Gebrauch … abgeschafft und vertilgt werden soll.»

Doch sie alle mussten erkennen, was schon Papst Gregor I.
im sechsten nachchristlichen Jahrhundert begriffen hatte:
Die Menschen hielten zunächst zäh an ihren Naturkulten
fest.*

Gregor hatte deshalb die Anweisung gegeben, man solle die
Bräuche und Glaubenslehren der Völker nutzen und nicht
versuchen, sie auszulöschen. Wenn eine Gemeinschaft einen
Baum anbete, so solle man ihn nicht fällen, sondern Christus
weihen und den Menschen die Anbetung des Baumes auch
weiterhin gestatten.

Auf diese Weise gingen Elemente der alten Naturreligionen
ins christliche Brauchtum über. Zwar wandte man sich mit
seinen Sorgen statt an Baum- oder Donnerwesen an den
einen Vater im Himmel, an Christus und an die Jungfrau
Maria. Doch gerade die Letztere ließ sich gut als eine Art Ve-
getationsgöttin betrachten – als eine Art Nachfolgerin der
germanischen Freya oder der griechischen Demeter. War sie
nicht ebenfalls Lebensbehüterin und -spenderin? Ikonenma-
ler stellten Maria im Ährenkleid dar, auf grünen Wiesen voller reifer Erdbeeren, im Rosenhag, in den Weinreben.
Heilpflanzen, einst als Wohnstatt mächtiger Götter und Geister angesehen, hießen nun Marienkräuter. Ihrer Wirksamkeit
tat das keinen Abbruch. Zahlreiche Legenden um die Gottes-
mutter entstanden. In einigen zeigen sich lieblich singende
Marienstatuen unter bestimmten Pflanzen, vor allem natürlich unter Eichen und Linden. Bis heute dürfen manch eindrucksvolle alte Bäume blumen- und kerzengeschmückte
Marienbildnisse tragen.

Moderne Pflanzenkulte

Doch machen wir uns nichts vor: Heute sagt diese Symbolik
den meisten nichts mehr. Die Zeit, in der Pflanzen selbstver-
ständliche Mittler zwischen den Menschen und dem Über-

* mehr über Pflanzen im Volks- und Aberglauben unter: www.uni-
muenster.de/Rektorat/veranst/vstbg02.htm

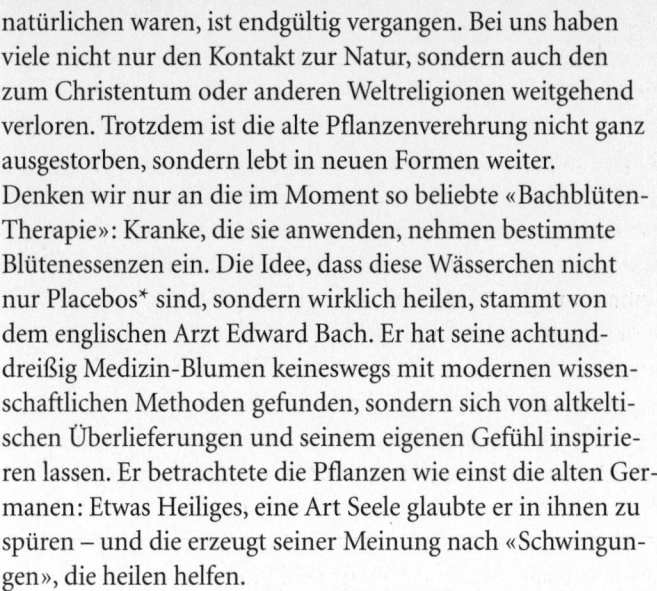

natürlichen waren, ist endgültig vergangen. Bei uns haben viele nicht nur den Kontakt zur Natur, sondern auch den zum Christentum oder anderen Weltreligionen weitgehend verloren. Trotzdem ist die alte Pflanzenverehrung nicht ganz ausgestorben, sondern lebt in neuen Formen weiter.

Denken wir nur an die im Moment so beliebte «Bachblüten-Therapie»: Kranke, die sie anwenden, nehmen bestimmte Blütenessenzen ein. Die Idee, dass diese Wässerchen nicht nur Placebos* sind, sondern wirklich heilen, stammt von dem englischen Arzt Edward Bach. Er hat seine achtunddreißig Medizin-Blumen keineswegs mit modernen wissenschaftlichen Methoden gefunden, sondern sich von altkeltischen Überlieferungen und seinem eigenen Gefühl inspirieren lassen. Er betrachtete die Pflanzen wie einst die alten Germanen: Etwas Heiliges, eine Art Seele glaubte er in ihnen zu spüren – und die erzeugt seiner Meinung nach «Schwingungen», die heilen helfen.

Ein andere moderne Lehre, die Pflanzen mit übernatürlichen Kräften in Verbindung stehen sieht, ist die Biodynamik Rudolf Steiners. Wer sich ihr zuwendet und Gemüse unter dem Markenzeichen «Demeter» anbaut, betreibt nicht einfach giftfreien Landbau, sondern berücksichtigt auch das Wirken kosmischer Gewalten. Steiner lehrte nämlich, dass Sonne, Mond, Sterne und Engel den Pflanzen Botschaften schicken. Dadurch lenkten sie das Gedeihen alles Erdengrüns. Die biologisch-dynamischen Hornmist-, Hornkiesel- oder Eichenrindenpräparate, die Steiner entwickelte, sollen die Nutzpflanzen stärker mit den Steuerkräften aus dem Weltall verbinden.

Auch die so genannten «Neuheiden» – ein Sammelsurium verschiedener weltanschaulicher Gruppen – suchen Wege, die Natur so innig zu verehren wie unsere Vorfahren. Viele von ihnen eifern den Hexen, Magiern oder Druiden alter Zeiten nach. Sie erfinden eigene, zum Teil naturreligiöse Rituale – etwa Festzeremonien auf mondbeschienenen Waldwiesen oder Trauungen in «heiligen Hainen».

* Der Begriff «Placebo» wird in Kapitel 8 erklärt.

Aber Vorsicht! Etliche dieser Gruppierungen nutzen Bäume und Kräuter nur als Lockmittel. Angeblich wollen sie in eine harmonische Beziehung zu der als göttlich verstandenen Natur treten. Sie gebrauchen religiöses Vokabular. Vehement fordern sie etwa die Wiedereinführung heiliger Haine, wo Naturgottheiten verehrt werden können. Deshalb nehmen sie für sich in Anspruch, schützenswerte Religionsgemeinschaften zu sein. In Wirklichkeit haben sie politische Ziele: Sie sind rechtsradikal.

Ihr verbindendes Element ist nicht die Naturverehrung, sondern der Rassismus. «Natürlich» bedeutet für sie, dass in Mitteleuropa nur die vermeintlichen Nachkommen von Germanen und Kelten leben sollen. «Nicht nur Bäume haben Wurzeln, auch Menschen brauchen ihre Heimat», lautet eine der fadenscheinigen Begründungen dafür. Mancher Suchende, der eigentlich nur den spirituellen Geheimnissen der Pflanzen näher kommen wollte, ist schon auf ihre neonazistische Propaganda hereingefallen.

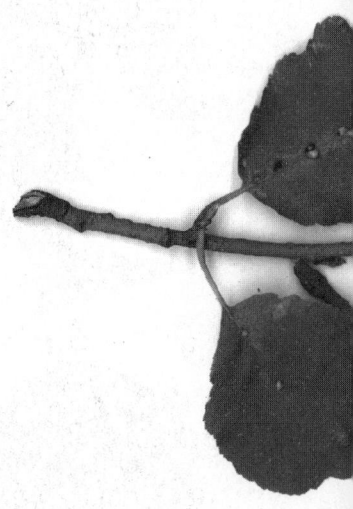

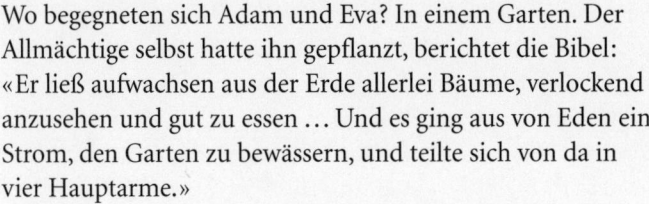

21. Von Paradiesen und anderen Gärten

Wo begegneten sich Adam und Eva? In einem Garten. Der Allmächtige selbst hatte ihn gepflanzt, berichtet die Bibel: «Er ließ aufwachsen aus der Erde allerlei Bäume, verlockend anzusehen und gut zu essen … Und es ging aus von Eden ein Strom, den Garten zu bewässern, und teilte sich von da in vier Hauptarme.» Gemeinsam verzehrt das Paar die verbotene Frucht vom Baum der Erkenntnis. Darauf wird es von Gott aus dem Paradies verstoßen und zu irdischer Mühsal verdammt. Vor den Pforten des himmlischen Gartens lagern von nun an Engel mit blitzendem Schwert. Kein Lebender kommt mehr hinein.

Da nützen auch die Himmelschlüsselchen nicht, die im Frühling in lichten Mischwäldern blühen und nach einer alten Legende aus des Petrus verlorenem Schlüsselbund entstanden sind.

Aber selbstverständlich träumen die Menschen vom Paradies. Übrigens nicht nur die Christen. Viele Kulturen sehen (oder sahen) das Zentrum der Welt als wunderbaren Garten. Von diesem mythischen Ort kommen wir her, zu ihm streben wir hin. Und in der Zwischenzeit bebauen wir vielleicht ein Stückchen Land und schaffen uns etwas, das dem Paradies irgendwie nahe kommt – einen Garten auf Erden.

Der ist in seiner Urform umzäunt, abgegrenzt gegen die wilde Natur, die Nachbarn oder die Kaninchen. Denn die indogermanische Wurzel des Wortes – gher – bedeutet umzäunen, einhegen oder einfassen. Auf dem Zaun fläzen sich übrigens die Hexen. Deren Name leitet sich vom westgermanischen Wort «Hag» ab, das Zaun oder Hecke bedeutet. Als Zaunreiterinnen halten sie gerade noch Kontakt zur Kultur. Doch sie blicken in die von unheimlichen Mächten beherrschte Wildnis.

Die fleißigen Gärtnerinnen und Gärtner kümmern sich nicht drum. Sie hacken, graben und säen. Das haben sie zu allen

Zeiten getan, sei es aus eigenem Antrieb oder in fremdem Auftrag. Sie sind erdverbunden. Aber mit ihrer Arbeit schaffen sie etwas für Geist und Gefühl. Denn wer einen Garten entwirft, kehrt seine Sehnsüchte, sein Innerstes und seine Auffassung der Welt in Form von Pflanzenbildern nach außen. Das mag merkwürdig klingen. Aber es stimmt. Versetzen wir uns zum Beispiel über vier Jahrtausende zurück, in den heutigen Irak. Zu dieser Zeit befand sich dort im Zweistromland das frühbabylonische Reich. Seine Könige führten den Titel «Herr der vier Quartiere». Uns modernen Menschen sagt das nichts. Doch damals wusste jeder Gebildete, was gemeint war: Man stellte sich vor, dass im Mittelpunkt der Welt der Quellstrom des Lebens entspringt. Er teilte sich, floss in die vier Himmelsrichtungen, formte und tränkte die Erde. (Auch unserer Schöpfungsgeschichte liegt dieser uralte Mythos zugrunde.) Wer «Herr der vier Quartiere» war, stand dem Quell des Lebens nahe.

Und ließ in seinem Reich natürlich entsprechende Gärten anlegen – schattige, von einer Mauer umgebene Oasen der Ruhe mit einem zentralen Wasserplatz. Von ihm gingen vier kleine Wasserläufe aus. Blumen dufteten, Vögel zwitscherten. Diese Idee vom Garten war unglaublich erfolgreich. Sie wurde nicht nur im Zweistromland verwirklicht, sondern später auch in Persien und dem ganzen Vorderen Orient. Danach gelangte sie ins Römische Reich, später nach Nordafrika, nach Spanien und sogar nach Indien.

Gartengeschichtler nennen solche Anlagen manchmal «Paradiesgärten». Sie waren sicherlich wunderbar dazu geeignet, Zweisamkeit zu genießen. Trotzdem hat das Wort ursprünglich nichts mit Adam und Eva zu tun. Denn «Paradies» ist einfach die alte persische Bezeichnung für einen «umschlossenen Ort». Sprich: für einen – natürlich viergeteilten – Garten.  Wir finden solche Urparadiese heute noch auf den berühmten persischen Garten- oder Winterteppichen. Sie wurden geknüpft, damit man auch in der kälteren Jahreszeit den Anblick von Blüten und sprudelndem Wasser genießen konnte. Solche Teppiche sind immer durch ein Kreuz in vier gleich große Abschnitte geteilt. Seine vier Achsen stellen Wasserläufe dar. Blumenbeete grenzen an diese Kanäle. In der Mitte befindet sich ein Bassin, in dem oft noch eine winzige Insel oder ein Podest zu sehen ist.

Das persische Wort für Garten gelangte ins Griechische. Als die hebräische Bibel zum ersten Mal in diese Sprache übersetzt wurde, gab man «gan-eden» – «Garten der Entzückungen» – mit «paradeisos» wieder. So gab das «umschlossene» persische Paradies dem christlichen seinen Namen – und wir wären wieder bei Mauern und Zäunen. Paradiese, auch pflanzliche, waren früher anscheinend nur etwas für Auserwählte.

Für Frauen wie Semiramis zum Beispiel. Die Hängenden Gärten dieser legendären Königin von Babylon zählen zu den sieben Weltwundern der Antike. Semiramis – oder Sammu-Ramat, wie sie in der Landessprache hieß – war angeblich die Tochter einer Göttin. Sie war um 800 vor unserer Zeitrechnung an der Macht. Stark war sie und wunderschön. Es heißt: Wer einmal in ihr unverschleiertes Gesicht blicken durfte, blieb für immer ihr Sklave.

Semiramis' Park hat die Phantasie ungezählter Menschen beflügelt. Was die Fachleute zu ihm sagen, klingt eher ernüchternd. Er sei ein Wolkenkuckucksheim. Denn man könne nicht sagen, ob er wirklich existiert hat. Und wenn es in Babylon doch Hängende Gärten gegeben habe, dann seien sie auf jeden Fall nach den Zeiten der «Großen Königin» gebaut worden. Vielleicht gab Nebukadnezar II. sie um 600 vor Christus in Auftrag. Mit den Gärten, sagt eine Legende, wollte er seine Gemahlin Amythis trösten. Sie stammte aus dem westpersischen Hochland und sehnte sich nach den Bergwiesen ihrer Heimat.

Alte Texte berichten, die Hängenden Gärten hätten gestanden. Gewölbe trugen sie, die auf riesigen Natursteinpfeilern

ruhten. Unaufhörlich schaffte man Wasser aus dem Euphrat empor, um Bäume und Blumen zu bewässern. Von ferne sah es aus, als ragten mitten im flachen Zweistromland bewaldete Berge empor. «Immer blühend» sollen die Wiesen dort oben gewesen sein, die Blätter der Bäume «taugenährt» und «winddurchweht».

Und diesen wunderbaren Ort soll es vielleicht gar nicht gegeben haben? Macht nichts. Semiramis lebt in unseren Köpfen. Sie schreitet durch ihr grünes Reich. Sonne und Schatten wechseln. Sie atmet Lilien- und Rosenduft. Dann pflückt sie sich eine Weintraube, und der Boden unter ihren Füßen schaukelt leicht. Auch wenn er in Wahrheit auf dicken steinernen Säulen stand.

Im Schatten der Sykomoren

Über Zier- und Nutzgärten anderer Völker und anderer Zeiten wissen wir mehr. Da gab es die altägyptischen, lange vor Semiramis und von damals unübertroffener Pracht: ein viereckiges Wasserbecken, das der kultischen Reinigung diente; Alleen; Lotos, Papyrus, Wein, Feigen, Granatäpfel und Dattelpalmen; Mohn, Kornblumen, Krokusse, Alraunen und Iris; Majoran, Rosmarin, Dill, Koriander und Schwarzkümmel und die Sykomore oder Maulbeerfeige. Sie war die Wohnstätte der Liebesgöttin Hathor. In ihrem Schatten begegneten sich die Paare.

Das Leben der Gärtner war hart. Mit einem Joch mussten sie ständig Wasser herbeitragen; wegen des großen Drucks war ihr Nacken von eitrigen Geschwüren bedeckt. Die anleitenden Obergärtner jedoch wurden hoch geachtet. Manche konnten sich sogar aufwendige Grabmäler leisten. Davon zeugen die alten hieroglyphischen Inschriften.

Im antiken Griechenland gab es heilige Haine, öffentliche Promenaden, winzige Innenhof-Stadtgärten und große Obstplantagen vor den Toren. Die Römer flüchteten aus der städtischen Enge in ihre Landvillen. In deren Gärten standen Pavillons, Kioske mit Ruhebetten und künstliche Grotten. Beliebt waren Blumenbeete in Form des Hippodroms, also der Wagenrennbahn. Wasser hatte große Bedeutung – die Menschen dachten bei seinem Anblick an ländliches Glück. Kleinere Gärten lagen in von Säulen umgebenen Innenhöfen. Meist waren sie nach persischer Tradition kreuzförmig gegliedert.

So etwas kennen wir doch, oder? Aus dieser Gartenform haben sich die Kreuzgänge unserer Klöster mit dem von ihnen umschlossenen bepflanzten Hof entwickelt. Natürlich besaß jedes Kloster zusätzlich noch Obst-, Gemüse- und Arzneikräutergärten. Mönche und Nonnen waren ja von jeher fleißige und experimentierfreudige Pflanzenbauer.* Manchmal lenkte die Gartenlust die Geistlichen allerdings von ihren eigentlichen Zielen ab. Herard von Landsberg, Äbtissin des elsässischen Klosters Odilienberg, hat im 11. Jahrhundert darauf hingewiesen: In ihrer illustrierten Handschrift ist ein Eremit zu erkennen, der kopfüber von der Himmelsleiter in seinen eigenen kleinen Garten stürzt. Hätte er sich doch dem himmlischen Paradies zugewandt, statt seine Liebe allein dem irdischen zu schenken! Als Bibelkundiger hätte er eigentlich wissen müssen, welche Gefahren zwischen gefällig angeordneten Bäumen und Büschen lauern können ... Aber wahrscheinlich fürchtete der Eremit nur Evas verbotene Frucht. Und übersah, dass ein Garten auch zu anderen Freuden verlocken kann. Mit Hilfe von Pflanzen, Erde und Steinen kann der Mensch sich eine eigene Welt nach seiner Vorstellung erschaffen.

Man mache sich den Gartenstolz eines französischen Herrschers klar, eines absolutistischen natürlich. Oder den eines reichen Adligen dieser Zeit, die seit dem 17. Jahrhundert überall in Europa die französischen Parks nachbauen ließen. Er blickt über seinen Garten, über Versailles vielleicht, Vaux-

---

* Berühmt wurde zum Beispiel der Erbsenzüchter Gregor Mendel, von dem in Kapitel 16 die Rede ist.

le-Vicomte, Herrenhausen oder Charlottenburg. Er sieht
Treppen, Promenierterrassen und breite, rechtwinklig aufein-
ander stoßende Kieswege. Kaskaden, Fontänen, Kanäle,
Bassins. In manchen spiegelt sich sein Schloss. Die Anlage
liegt auf sanft geneigtem Terrain. Es scheint glatt gebügelt;
kein Hügel darf sich ins Blickfeld drängen. Das Ganze ist mit
Riesenvasen und Statuen dekoriert.
Die Pflanzen haben sich dem menschlichen Willen gebeugt.
Streng geschnittene Weißbuchen bilden Wände, die genau
ein Drittel so hoch sind wie die Alleen breit. Die Ränder der
Rasenflächen sind penibel abgestochen – vollkommen gerade
oder rund. Weit im Hintergrund spielen Waldränder brav
Kulisse. Es gibt wenig Blumen, die sich wandeln könnten
oder gar vergehen. Stattdessen formen die Gärtner Buchs-
bäumchen zu kunstvollen Ornamenten, denen der Wechsel
der Jahreszeiten nichts anhaben kann. Zwischen die Orna-
mente streuen sie zerkleinerte Terrakotta.
In diesem gewaltigen Königswerk fühlten Besucher sich klein.
Sie spürten die Macht des Parkbesitzers. War er nicht in der
Lage, die wilde Natur zu bändigen? Schuf er nicht Ordnung
und Harmonie, fast als wäre er ein göttliches Wesen? Es war
wohltuend, sich von einem solchen Herrscher beschützt zu
wissen.
Als die Macht der Monarchen vielerorts in Europa bröckelte,
gaben die Gärten französischen Typs auch Anlass für aufsäs-
sige Gedanken. Man sagte, dass die Pflanzen in ihren Rechten
beschnitten würden. Dass es ihnen erginge wie den zurecht-
gestutzten Höflingen und Untertanen. Damals revolutionier-
ten die Engländer die Gartenbaukunst. Sie machten die
unberührte Natur – die aufgrund der Forschritte der Naturwissenschaften nicht mehr so bedrohlich schien wie einst –
zum Symbol bürgerlicher Freiheit.
Englische Gartenkünstler fanden es plötzlich unnatürlich,
den Boden mit Buchsornamenten zu verzieren, als sei er ein
Kleidungsstück. Sie wollten üppige Blumenpracht, frei entfal-

tete Bäume und Sträucher, geschlängelte Wege statt strenger Kiessymmetrie. Ihre Landschaftsgärten sind gestaltet wie begehbare Bilderbogen. Jede Wegbiegung, jede Hügelkuppe überrascht den Wanderer mit einem neuen Naturmotiv. Auf den ersten Blick erscheinen diese Gärten wie vollendet schöne, zufällig gewachsene Natur. Aber selbstverständlich planten die englischen Gärtner ihre Werke bis ins letzte Detail. Ihr Konzept prägte zwei Jahrhunderte lang den europäischen und nordamerikanischen Gartenbau. Und es ist natürlich kein Wunder, dass der erste öffentliche Volkspark – der 1789 begonnene Englische Garten in München – ein Landschaftsgarten ist und kein Park französischen Stils.

Von Schreber- und Computergärten

Und was kam danach? In Deutschland kann man die erste Hälfte des 20. Jahrhunderts wohl am ehesten als die Zeit der Schrebergärten bezeichnen. Bereits in den achtziger und neunziger Jahren des vorangehenden Jahrhunderts war die Kleingartenbewegung populär geworden. Auf selbst bewirtschafteten Landparzellen durften Arbeiter, kleine Beamte und Angestellte sich erfrischen und erholen.

«Und wenn wir eine Stunde gehen sollten», erklärte ein Redner auf dem Reichskleingärtnertag im Jahre 1927, «wir wollen ein Stückchen Erde gewinnen, ein Stückchen Vaterland. Dort wollen wir gestalten, nicht aus übermächtigen, kaum gekannten Gesetzen irgendeines Großbetriebes, dort wollen wir gestalten nach unserem Willen …»

Dieses Bedürfnis erfüllen die privaten Gärten bis heute – seien es nun die übrig gebliebenen Schreberparzellen, Landstückchen am Haus oder Balkonkästen. Typisieren lassen sie sich nicht, denn sie werden normalerweise nicht nach einem Plan angelegt wie Parks und Paradiese vergangener Zeiten. Man kauft Pflanzen und Saat, oft aus allen Weltgegenden.

Dann sät und setzt man sie und versucht ihre Individualität
zu pflegen und hervorzuheben. Was dabei nach und nach
entsteht, ist so verschieden wie die Menschen selbst. Der eine
oder die andere erfasst den Geist des Ortes und findet einen
Gartenstil, der zu ihm passt. Vielleicht legt so ein Mensch
einen Naturgarten an, in dem auch heimische Gewächse bewahrt und bewundert werden. Auf andere Gärten wieder
passt ein Ausspruch des Gärtners und Gartenphilosophen
Karl Foerster. Sie sind «Dokumente der Andachtslosigkeit,
mit der das Leben gelebt wird».

Wie sich unsere Gärten im 21. Jahrhundert entwickeln werden, lässt sich natürlich nicht vorhersagen. Doch eines ist
sicher: Den Drang zum Pflanzen wird uns auch das Computerzeitalter nicht abgewöhnen. Man muss dafür übrigens
nicht unbedingt den Schreibtisch verlassen, sondern kann
einfach via Internet den «Tele-Garden» kontaktieren. Dahinter verbirgt sich eine Roboterinstallation mehrerer kaliforni-
scher Künstler. Sie steht momentan im Ars Electronica Cen-
ter im österreichischen Linz und lässt sich im Web unter
telegarden.aec.at / aufsuchen.

Der Tele-Garten ist klein und rund. Er befindet sich auf einer
Art Tisch. Über ihm kreist langsam eine Leuchte mit pflan-
zengerechtem Licht. In seiner Mitte steht ein Roboter. Wer
sich als Gärtnerin oder Gärtner registrieren lässt, darf dessen
Kameraarm per Mausklick bewegen. So lassen sich Petunien,
Phlox und andere Pflanzen betrachten, im Überblick oder en
detail. Ausdauernde Nutzer dürfen den Garten wässern und
manchmal sogar – Gipfel des Glücks – den Roboter ein neues
Samenkorn setzen lassen.

Susanne Paulsen, geboren 1962 in Husum, hatte eine Groß-
mutter mit «grünem Daumen» und wollte als Kind Kräuter-
hexe werden. Später studierte sie Botanik, Zoologie und
Genetik, wurde Diplombiologin, startete durch als Moleku-
largenetikerin – und entschied sich dann, doch lieber als freie
Journalistin zu arbeiten. Seit 1989 schreibt sie hauptberuflich
für Zeitschriften, zum Beispiel für «GEO», «natur» und
«Brigitte». Sie ist noch immer pflanzenbegeistert und hofft,
dass eine ihrer Töchter den grünen Daumen der Urgroßmut-
ter geerbt hat.

Register

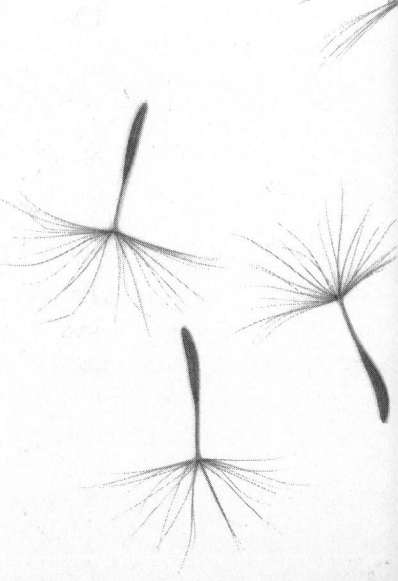